行政と市民の経済分析

新潟のマクロ・CVM・NPO・まちおこし

新潟日報事業社

目　次

はじめに………………………………………………………………………4

第1章　新潟県の財政政策は経済にどのような影響を与えたか …… 12
　― 時系列分析による検討と評価 ―

　　　　　　　　　　　　　　　　　　　　　　　　長谷川　雪子・中東　雅樹

　　第1節　はじめに………………………………………………………… 12
　　第2節　新潟県財政の状況……………………………………………… 14
　　第3節　VARモデルによる短期的効果の分析………………………… 18
　　第4節　長期効果の検証………………………………………………… 26
　　第5節　結論……………………………………………………………… 31

第2章　公共事業評価の再検討……………………………………… 37
　― 美しいむらづくり総合整備事業（小千谷地区）のケーススタディー ―

　　　　　　　　　　　　　　　　　　　　　　　　佐藤　良一・亀田　啓悟

　　第1節　はじめに………………………………………………………… 37
　　第2節　「美しいむらづくり総合整備事業（小千谷市）」について…… 39
　　第3節　現行公共事業評価のフレームワーク………………………… 48
　　第4節　『補助申請資料』における費用便益比算出過程の検討……… 56
　　第5節　評価方法の問題点と再評価…………………………………… 70
　　第6節　結論……………………………………………………………… 77

第3章　社会福祉事業におけるNPO法人の課題と展望 ………… 80
　― 介護保険制度下における認知症グループホーム運営からの考察 ―

　　　　　　　　　　　　　　　　　　　　　　　　　　　　　片野　勉

　　第1節　はじめに………………………………………………………… 80
　　第2節　介護保険サービス事業へのNPO法人参入の意義と役割…… 83
　　第3節　認知症グループホームの財務分析…………………………… 87
　　第4節　認知症グループホーム事業におけるNPO法人の課題と展望 … 113

第4章　雛人形と町屋で地域活性化………………………………… 121
　― 新潟県村上市の市民活動 ―

　　　　　　　　　　　　　　　　　　　　　　　　　　　　　澤村　明

　　第1節　はじめに………………………………………………………… 121
　　第2節　既往の研究など………………………………………………… 122
　　第3節　村上市の概要…………………………………………………… 124
　　第4節　「人形さま巡り」について……………………………………… 127
　　第5節　人形さま巡りの経済効果測定………………………………… 131
　　第6節　人形さま巡りの経済効果……………………………………… 135
　　第7節　観光地化への展開……………………………………………… 137
　　第8節　地域の課題……………………………………………………… 139

著者略歴…………………………………………………………………… 143
各章のキーワード………………………………………………………… 145

はじめに

長谷川雪子・澤村　明

1　本書の背景

　新潟大学では、経済学部と大学院経済学研究科（2004年度より現代社会文化研究科に改組）に公共経営コースを開設していた。本書は、ここ数年の同コースにおける教育研究の実績を踏まえ、教員の研究や修士論文の優秀なものを編纂したものである。テーマは、政策と市民活動の経済分析である。

　バブル崩壊後、日本の非都市部の経済的低迷は目を覆わんばかりである。このような時代に、地域の公的セクターを担う地方公務員やNPO職員などは、政策涵養能力の向上が求められている。また民間セクターも地域社会を担っているという点では、地域運営の当事者であり、市民も企業も主体的な行動が求められている。

　疲弊した地方部で求められる地域運営能力という観点では、おそらく47都道府県のうち、三大都市圏の数都府県を除いた40前後の道県は同じ環境にあるだろう。新潟の特殊性として田中角栄による利権誘導であるとか農業県であるといわれることがあるが、今日、そうした要素は否定しないものの、置かれている状況は他の道府県と変わりがない。

　これまで日本の政策は東京からの発信であり、関東と関西の一部の先進事例がケースとして手本とされてきた。それらの意義は認めるが、一方で、国土の7割を占める中山間地を抱える多くの道府県では、いわば中山間地モデルともいうべき政策のありかたも必要であろう。地方からの発信はなかなか注目されず、ごく目新しい取り組みのみがケーススタディーの対象になっている。また一方でNPOをはじめとする市民の運動体によって、

民間側からの地域運営の動きもいろいろと誕生しつつあるが、個別の事例紹介以上の分析はなかなか難しい。

　地域運営を考える人々にとっては、そうした他地域の先進事例を手本とすることも意味はあるが、理論に基づいた分析を行い、問題点を抽出し、それに対する処方箋を考察する能力を身に付けることも重要であろう。いわば対症療法的な西洋医学で治すべき病気以外に、漢方で地道に体力を回復させることも地方部には求められている。その後者に資することを目指したのが、新潟大学の公共経営コースでの教育研究の取り組みであった。

　地方行政の幹部職員や経済人をはじめとする地域運営に関心をもつ層のほか、公共政策、政策分析、地域経済、まちづくりなどを勉強している大学生・大学院生のテキスト・参考書として使っていただければ、著者一同の幸いである。

2　新潟県の概況

　まず、本書で取り上げる新潟県を概観する作業から入る。新潟県になじみのない読者にも新潟県の特徴や現況を理解してもらうことが、この本を理解するにあたっての助けになると考えられるからである。

　新潟県の特徴をみるにあたって役に立つのが、新潟県庁の統計課が編集・発表している統計データである。あらゆる分野にわたる統計指標が紹介されていて、新潟県庁のホームページからもダウンロードすることが可能である。

　図表1に示した「新潟県ベスト5」という指標をみてみよう。これは新潟県のデータの中で特に全国の中で抜きん出た順位であるものを抽出したものである。新潟県は全国5位の県土総面積を誇り、全国2位の自然公園の面積をもつ自然に恵まれた県である。米の産出額・米菓・切り餅の出荷額は全国1位、清酒の出荷額は3位であり、「米どころ」と呼ばれるゆえんである。他の産業では、ニット、金属洋食器、石油ストーブなどが全国

図表1　新潟県　指標　ベスト5

順位	項　目	数　値
1位	最長河川（信濃川）	367 km
	米の産出額	1,903 億円
	チューリップ切り花の出荷量	2,350 万本
	米菓の出荷額	1,336 億円
	切餅・包装餅の出荷額	331 億円
	ニット製男子セーター他の出荷額	45 億円
	ニット製女子セーター他の出荷額	217 億円
	金属洋食器の出荷額	100 億円
	石油ストーブの出荷額	498 億円
	磁気ヘッドの出荷額	792 億円
	石油の生産量	464,388 kl
	天然ガスの生産量	2,162,523 千m³
	重要有形民俗文化財指定件数（国指定）	16 件
	ハクチョウ類飛来数	17,059 羽
2位	自然公園面積	316,955 ha
	国・県道の実延長	6,639 km
	高速自動車道の供用延長	411 km
	清酒製造免許場数	104 社
	チューリップ球根の出荷量	2,230 万球
	海水浴場の数	74 カ所
	伝統的工芸品指定件数（国指定）	15 件
	栽培きのこ類の産出額	324 億円
3位	清酒（濁酒を含む）の出荷額	518 億円
	スキー場の数	76 カ所
4位	温泉地の数（宿泊施設のある）	145 カ所
	1世帯あたりの人員	2.92 人
5位	県土総面積	12,583 km²

（出典）新潟県統計データハンドブック（平成19年度）

1位の出荷高を誇る。その他、海水浴場の数・スキー場の数・温泉地の数も全国トップクラスであり、新潟の豊かな自然を示しているが、本題からやや外れるためにこのくらいにしておく。地域経営的に見た場合に、このデータの中で気になる項目が2カ所ある。県・国道の実延長、高速自動車道の供用延長がそれぞれ全国2位の水準ということである。県土面積が広いことがあるが、新潟の道路の維持のためには相応の支出が必要になるということを示しているだろう。

次に「新潟県　100の指標」を見てみよう。これはあらゆる分野にわたる主な100の指標をまとめて紹介する統計データであり、全国平均との比較、順位づけもなされていて、新潟県の特徴をつかむのには適したデータが掲載されている。全国と比較したうえで目立ったものを抜粋したのが、図表2である。

産業面では、産業部門別の就業者割合をみると全国平均に比べ第一次産業・第二次産業の就業者割合が高い。農家数が全国3位と高い水準にあるが、専業農家の割合は40位と大変低く、兼業農家割合が高いことを示している。これは一世帯あたり人数が全国4位と高く（図表1）、複数世代が同居していることから、親世代が農業、子世代が他の産業に従事するケースが多いのを反映しているのかもしれない。農業・林業生産高が全国に比較すると高いのもそれを反映していると思われる。ただし、林業といってもきのこ栽培による産出が多くを占めている。第二次・第三次産業はどうであろうか。事業所数は全国平均を上回る。その内訳を事業所あたりの従業員数をみてみると、一事業所あたり8.6人と、全国平均を下回り、比較的小規模の事業所が多いことをうかがわせる。工業の一事業所あたりの出荷額・従業者数一人あたりの出荷額は全国平均を下回り、例えば従業員一人当たりの出荷額は全国35位と振るわない。生産性をみるにはこの材料だけでは不十分であるが、これは製造業において中小企業が多く、かつ技術革新などによる効率化が進んでいないことを示しているのかもしれない。

図表2　新潟県　主要指標

項　目	新潟県の数値	順位（全国平均値）
日照時間	1,520.8（時間）	45位（1,754.6時間）
人口総数	2,404,794（人）	14位（2,718,528人）
核家族世帯割合	51.87（％）	41位（57.87％）
高齢者のいる世帯割合	46.18（％）	4位（35.07％）
高齢者単身世帯割合	6.54（％）	36位（7.88％）
離婚率	1.46（件）（人口千人あたり）	47位（5.7件）
就業者割合（第一次産業）	7.5（％）	21位（4.8％）
就業者割合（第二次産業）	31.1（％）	10位（26.1％）
一人当たり県民所得	2,772（千円）	21位（3,043千円）
事業所数	131,405	12位（125,766）
一事業所あたり従業員数	8.6人	30位（9.9人）
県外支所をもつ事業所割合	15.8％	44位（36.6％）
一事業所あたり製造品出荷額	715.8（百万円）	37位（1,217.7百万円）
女性就業率	48.3（％）	11位（45.5％）
農家数	106,528（戸）	3位（60,599戸）
専業農家割合	13.2（％）	41位（22.6％）
農業産出額	2,964（億円）	8位（1,837億円）
林業産出額	3,777（千万円）	3位（919千万円）
林業産出額に占めるきのこ類生産割合	95.4％	2位（47.9％）
勤労者世帯の実収入（一世帯あたり一ヶ月）	541,042（円）（新潟市）	21位（528,762円）
勤労者世帯の消費支出（一世帯あたり一ヶ月）	322,215（円）（新潟市）	28位（323,459円）
持ち家比率	74.9％	6位（61.2％）
住宅延べ面積（一住宅あたり）	136.73（㎡）	5位（94.85㎡）
生活保護被保護実人員	5.7（人／1,000人あたり）	36位（11.8人）
児童福祉施設数	37.7（人口10万人あたり）	12位（26.2）
病院数（人口10万人あたり）	5.8（施設）	36位（7.0施設）
医師数	171.0（人／10万人）	42位（206.3人）
歯科医師数	81.5（人／10万人）	6位（74.0人）
高等学校進学率	99.0％	1位（97.7％）
大学等進学率	47.2％	29位（51.2％）
専修学校進学率	27.5％	1位（19.8％）

（出典）新潟県100の指標（平成20年度）

次に家計の様子をみてみよう。核家族世帯割合が少なく、高齢者との同居が多い。そのため一世帯あたりの人員が多い。また離婚率が少ない。このあたりは我慢強く、安定志向であるといわれる新潟県民の性質を表しているようである。女性の就業率が高く、世帯主に加えて配偶者も働くことで、世帯収入を支えている。そのため、世帯主の実収入は全国平均を下回るが（全国平均が433,306円であるのに対して新潟市は436,461円と全国24位）、世帯実収入は約54万円と全国平均を少し上回るのである（ちなみに配偶者の収入は全国13位）。世帯あたり消費支出は全国平均を下回り、財布の紐が固いことをうかがわせる。持ち家比率は約75%と全国平均61%を大きく上回り、住宅延べ面積も大きく、住環境がよいことを示している。生活保護率も全国平均を大きく下回っており、自然の厳しさとはうらはらに生活環境はいいと考えられる。

その他、興味深い指標としては進学率が挙げられる。新潟県の高校進学率は99.0%で全国1位である。その一方大学進学率は全国平均を下回る。専修学校への進学率も全国1位であり、ある程度の水準以上の教育に関しては即戦力を求める気風が高いことを示しているのかもしれない。

その他、医療・福祉関係をみてみると目につくのは人口当たりの病院数・医師数が大変低く、特に医師数は42位の低水準に甘んじていることであり、医療関係の充実が望まれる。

以上、手短に新潟県の概況をデータから眺めてみた。

3 本書の内容

本書は、4章からなる。各章の概要は以下のとおりである。

まず第1章「新潟県の財政政策は経済にどのような影響を与えたか ── 時系列分析による検討と評価 ── 」（長谷川雪子・中東雅樹）は新潟県の経済・財政状況を概観した上で、財政政策が県経済に与えた影響を時系列分析の発展型であるVAR（多変量自己回帰モデル）により分析している。

財政支出が地域の景気対策に資するのかどうかは関心が高いテーマであり、財政政策と経済との関係は一国レベルでは論考が多いが、地方自治体レベルでの検証であるところが本章の目新しさである。

　第2章「公共事業評価の再検討 ── 美しいむらづくり総合整備事業（小千谷地区）のケーススタディー ── 」（佐藤良一・亀田啓悟）は修士論文として書かれたものの再構成である。本章では、公共事業評価の現状と課題について、CVMを使った費用便益分析の事例検討を通じて明らかにする。従来、公共事業評価結果については結果のみが公表されていることが多かった。本章では、新潟県内の農村集落道整備事業の投資効率（＝費用便益比）を求めるために実施されたCVM調査を取り上げ、アンケートの設計から評価額の推定まで一連の手続きを明らかにし、現地調査を実施し現況の把握を行い、算定の検討を行った。公共事業評価については「事業ありき」の評価になっているという批判は多いが、実際に評価の内容について精査を行った研究は少なく、本章は先駆的である。

　第3章の「社会福祉事業におけるNPO法人の課題と展望 ── 介護保険制度下における認知症グループホーム運営からの考察 ── 」（片野勉）はNPOの経営分析を行った修士論文がもとになっている。2000年の介護保険の導入とともに、規制緩和により、居宅介護サービス市場に新たにサービス提供主体として営利法人やNPO法人などが参入しているが、なかでも地域福祉の担い手としてNPO法人の果たす役割と期待が大きくなってきている。しかし、営利法人などに比べると組織も零細で財政基盤も脆弱である。また、同じ非営利組織である社会福祉法人に比べ、補助金や税制面の優遇措置でも不利な状況におかれている。そのような条件の下で、介護サービス市場において、NPO法人は今後とも事業を継続的に維持していくことが可能であるのか。本章では、新潟県内のグループホーム（認知症対応型共同生活介護事業）の運営を行っているNPO法人と社会福祉法人の財務データ（決算書）による財務分析とアンケート・現地調査の結果

をもとに、NPO法人の課題と展望について論じる。NPOの経営分析は日本では少なく、また社会福祉法人との比較も稀少である。

　第4章「雛人形と町屋で地域活性化 ── 新潟県村上市の市民活動 ── 」（澤村明）では市民活動の経済的分析を行う。新潟県村上市では2000年から毎年3月に、旧城下町の旧家が所蔵する雛人形などを町屋の中で公開する「城下町村上・町屋の人形さま巡り」が開催されている。企画・運営は中心市街地の若手住民有志であり、初回に3万人、2年目に5万人、そして3年目には7万人と来訪者が増えている。本章では、このイベントによる経済効果についての調査結果を踏まえ、文化的手段による地域振興の可能性、課題などについて触れる。市民活動を取り上げる論説は多いが、地域への影響を定量的に分析したという点が本章の新規性である。

　なお本書の刊行にさいしては、新潟大学経済学会より出版助成を受けた。ここに記して謝意としたい。

第1章　新潟県の財政政策は経済にどのような影響を与えたか
― 時系列分析による検討と評価 ―

長谷川　雪子・中東　雅樹

第1節　はじめに

　ここ数年、地方自治体の財政悪化の状況がクローズアップされている。地方自治体の赤字財政と、債務残高の増大という状況から地方の財政危機が重大な問題として捉えられるようになったのであるが、新潟県も例外ではない。後述するように新潟県の財政は決して楽観視できるものではないのである。しかし、財政の状態を評価するには、その支出が経済に何をもたらしたかを同時に考慮する必要がある。もし、財政支出が経済に何らかの形で貢献しているのであれば、一概に財政赤字が悪いということにはならないであろう。財政支出が経済に与える影響として考えられるのは、短期的には需要創出の効果、長期的には社会資本蓄積を通した生産力効果が挙げられる。

　本章では、新潟県の財政状況を概観したうえで、新潟県の財政政策の評価を短期的効果・長期的効果、それぞれの観点から行おう。新潟県の財政評価には、多変量時系列解析を使用する。従来の研究においては、通常の計量モデルを使用することが行われていた。しかしながら、計量モデルでは、前提とする経済理論を必要とし、その際にどうしても恣意性が発生してしまう。近年、それを解決する方法として、時系列分析が導入されている。時系列分析の利点は、純粋に変数同士の関連を解明できることにある。この方法はデータ数が多く必要になることもあり、主に金融政策の評価に

使用されることが多いが[1]、財政政策の評価や公共事業の生産性の評価にも使用されている[2]。

そこで、本章においては、多変量時系列モデルを使用し、短期的な需要創出効果の観点から財政支出が民間消費・民間投資に与える影響をみてみることにしよう。その後、より長期的な視点から、社会資本ストックの供給を効率性の観点から評価することにより、新潟県における公共セクターが県経済に与える影響と問題点を探っていくことにする。

---

1 金融政策の評価において、VARモデルを使用している例として、大西（2002）、照山（2001）や中澤（2002）など、多数挙げられる。
2 中澤・大西・原田（2002）は全国の四半期データを用いて、財政・金融政策の効果の分析を行っている。井堀・川出（2001）はオイルショック前後の財政政策の評価をVARを用いて行っている。公共事業の生産力の評価に関してはMcmillin and Smyth（1994）、日本に関しては土居（1998）、畑農（2000）が詳しい。

第2節　新潟県財政の状況

　分析に入る前に新潟県の平成18年度の財政状況に目を向けてみよう。新潟県の1人当たりの財政規模は約49.7万円で、県内総生産に対する比率は約13.3％である。これはそれぞれの全国平均の37.4万円、約9.3％を大きく上回っている。また、新潟県市町村の1人当たりの財政規模は約45.8万円、県内総生産に対する比率は約12.2％であり、全国平均の38.9万円、約9.7％よりも高い水準になっている。

　次に新潟県の歳出の目的別決算比を作成し全国平均と比較したものが図表1-1である。その中では土木費は全国平均を上回り、教育費の割合が全国平均を下回るという結果になっている。このように財政規模は比較的大きく、そのうち土木や農林水産業関連の支出が多く、教育費が少ないのが新潟県の特徴であるといえるだろう。

　そして、新潟県市町村の歳出の目的別決算比を全国と比較したのは図表1-2である。全国と比較すると、民生費・衛生費が小さく、災害復旧費が大きい。なお、災害復旧費が大きいのは、平成16年10月の新潟県中越地震による災害復旧事業によるものと推測される。

　次に、財政状況をみてみよう。地域の財政力をみる値として財政力指数というものがある。財政力指数は、標準的な行政サービスを提供するのに必要とされる経費（基準財政需要額）に対する、標準的な状態で徴収できる税収（基準財政収入額）の比率の3年間の平均値を示したものである。ちなみに（基準財政需要額－基準財政収入額）は地方交付税として中央政府から分配されることになる。新潟県の平成16－18年度の財政力指数は0.479と、過去の値と比較すると改善してきているが、まだ全国平均0.658からみても低い状態である。財政力指数が低いということは支出に見合うだけの県税収入が得られていないことを指している。新潟県の財政力指数が低い一因として、豪雪などの気候条件、土砂崩れなどのおきやすい山が

第1章　新潟県の財政政策は経済にどのような影響を与えたか　15

図表1-1　新潟県の目的別歳出決算構成比の全国比較（平成18年度）

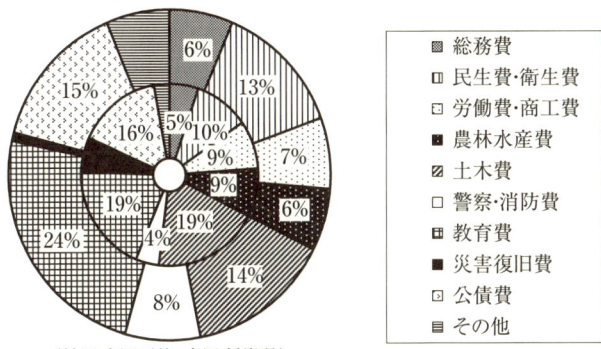

（外円:全国平均、内円:新潟県）

（出典）総務省「平成18年度都道府県決算状況調[3]」

図表1-2　新潟県市町村の目的別歳出決算構成比の全国比較[4]（平成18年度）

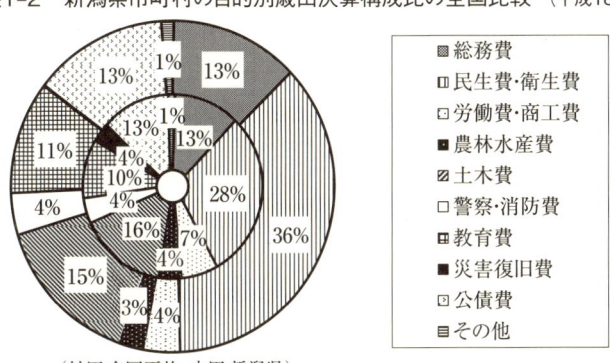

（外円:全国平均、内円:新潟県）

（出典）総務省「平成18年度地方財政統計年報」

多い・海岸線が長いなどの風土の特徴や、道路面積が広いことから財政需要が固定的に多額になりやすく、事業税や県民税、市町村民税の法人税割などの企業活動に関係する地方税収入が大都市圏の都府県に比べて低いか

---

[3] 地方財政状況調査関係資料は総務省HPで閲覧可能である。http://www.soumu.go.jp/iken/jokyo_chousa.html
[4] 各市町村の歳出決算の単純合計により導出されている。

らといわれている。そのため、平成18年度において地方交付税の交付額は北海道、兵庫、福岡に次いで第４位である。

　財政が悪化した状況を地方債からみてみよう。地方債費の一般財源比を比較すると、全国平均は16.9％であるのに対して新潟県は26.3％と高い水準にある。また、債務残高の一般財源比は3.06で、やはり全国と比較すると高いレベルであった。この値は、新潟県の使途の限定されない収入すべてを債務返済につぎ込んだとしても、完済まで少なくとも３年はかかるということである。新潟県の県民一人あたり地方債残高は平成18年度においては1,533,737円であり、全国平均の1,079,120円を大きく上回っている。

　公債の発行は、公債の発行残高を上昇させ、支出における公債費を増加させ、支出の硬直化をまねく。ところで、この公債の発行残高は90年代に大幅に増えているが、90年代における財政の悪化とそれに伴う公債の発行の増加は新潟県のみにみられる現象ではなく、全国的傾向であった。地方財政が悪化した理由として、ひとつには地方債の元利償還金が国から地方交付税という形で財源保障されてきたことで財政規律を弱めてしまった点が指摘されている[5]。その一方、国の景気対策が財政悪化を助長したという側面も見逃せない。バブル崩壊後の長い不況期間、政府は数度にわたり経済対策として大規模な財政出動を続けたが、このとき中央政府のみならず、地方自治体も景気対策としての財政出動を求められた。本来、地方政府は地方公共財を供給するという資源配分機能を担う役割であることを考えると、景気対策としての財政出動は望ましくはない。しかしながら中央政府の財政が逼迫した状況にあったことから、地方もその役割を担う必要に迫られた。しかしながら、大規模な財政支出を行ったのにかかわらず、景気は低迷し税収は伸び悩んだ。その結果、全国的に債務が増大する結果になったのである。新潟県でも平成10年度には実質単年度収支が昭和57年度以来

---

[5] 中野（2002）、別所（2008）が詳しい。

の大きな赤字決算となった。そこで、2000年に入ってから、積みあがった債務負担を削減しようと各地方自治体において相次いで財政再建計画が打ち出され、新潟県においても「財政再建化プログラム」が立案され実行された。税収の伸び悩みから計画の遂行は困難を極めたが、支出削減などの努力により、収支は改善されていた。しかしながら平成16年以降の豪雨や豪雪、そして二度の大地震等の自然災害に伴う支出増加により、再び財政が悪化したのである。

　自然災害という特殊事情があったとはいえ、行財政改革のなか地方交付税などの収入も削減されている現在、積みあがった債務負担をどのように返済していくのかは、深刻な問題である。

第3節　VARモデルによる短期的効果の分析

　ここで、新潟県において、財政支出が経済にどのような影響を与えていたのか評価することにしよう。この章においては、多変量時系列モデルを使用し、財政支出が民間消費や民間投資にどのようなインパクトを与えていたのかを分析する。なお、分析期間は、1955年度から2005年度までで、年次データである。使用するデータの推計方法は、補論を参考にされたい。この分析には民間最終消費支出（消費）C、政府支出G、民間総固定資本形成（投資）Iのみを使用し、政府支出が民間最終消費支出と民間総固定資本形成に影響するという枠組みで分析する。また、各変数は自然対数に変換後差分をとり成長率にしたうえ、Hodrick-Prescottフィルターにより短期的変動と長期的変動に分解した[6]。Hodrick-Prescottフィルターとは、変数の短期変動と長期的トレンドを分割する一つの方法である。例えば、ある変数y_tが、トレンド項τ_tと循環的変動項c_tで構成されているものとする。つまり、

$$y_t = \tau_t + c_t, \quad t = 1,2\cdots,T$$

である。このとき、Hodrick and Prescott（1997）はこれらの変数を分割するために以下の式を最小化することを提唱した。

$$Min_{\{\tau_t\}_{t=1}^T} \left[\sum_{t=1}^{T}(y_t - \tau_t)^2 + \lambda \sum_{t=2}^{T-1}\{(\tau_{t+1} - \tau_t) - (\tau_t - \tau_{t-1})\}^2 \right] \quad (1)$$

　なお、パラメータλはこの最小化問題におけるラグランジェ乗数であるが、平滑化の度合いを示す値でもある。例えば$\lambda = 0$であればトレンド項はもとの値そのままになり、$\lambda = \infty$であれば、トレンド項は直線になる。

---

[6] 井堀・中里・川出（2002）はマクロデータの変動を基調的変動と循環的変動にわけるために、Hodrick-Prescottフィルター、Band Passフィルター、Bevaridge and Nelson分解という3つの方法を使い比較検討したうえで、90年代の財政運営の効果を検証している。

このようにλに採用される値の選択によりトレンド項として抽出されるものが異なるが、一般的に年次データには$\lambda=100$を採用するのが適当であるとされているため、この分析はその値を使用した。結果データは以下のように分割される。図表1－3から1－5は、それぞれ民間最終消費支出・民間総固定資本形成・政府支出からトレンド項を抽出した結果を示しており、実線が元データ、破線がHodrick-Prescottフィルターにより抽出されたトレンド項である。

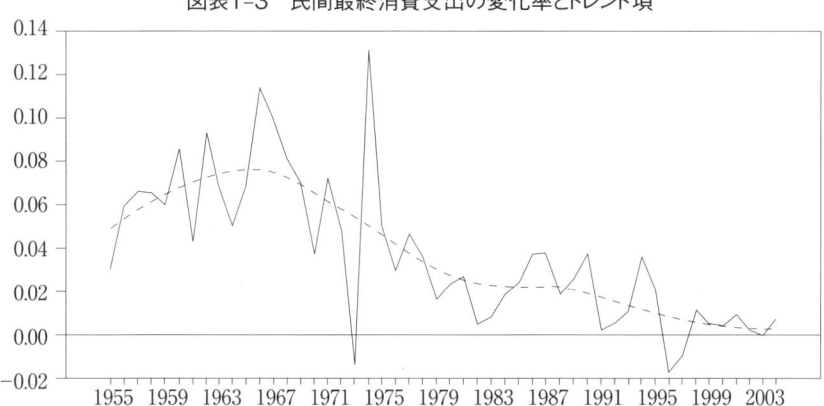

図表1-3　民間最終消費支出の変化率とトレンド項

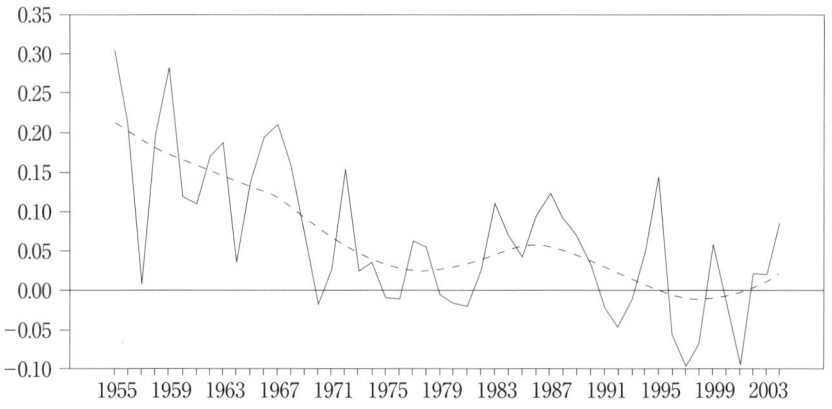

図表1-4　民間総固定資本形成の変化率とトレンド項

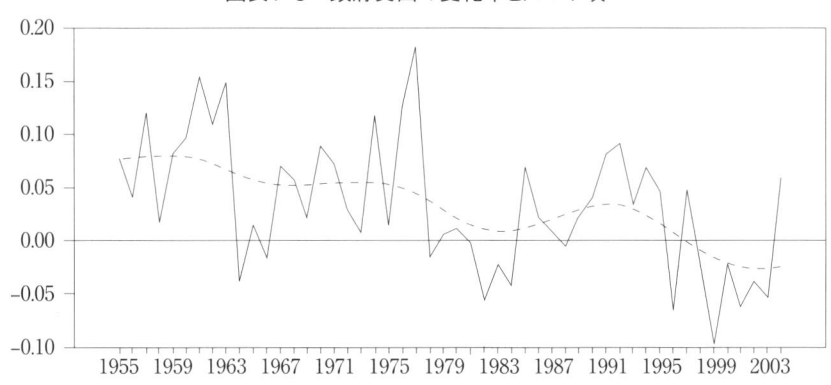

図表1-5　政府支出の変化率とトレンド項

　本節では、元データからトレンド項を取り除いた循環的変動項を多変量時系列モデルで推定することにより、政府支出が経済に与える短期的影響について分析する。ところで、時系列分析においてはデータの定常性が問題になることがある。例えば、この後に行うグレンジャーの因果性テストにみられるように、複数のパラメータに対する検定を行う場合には、VARモデル内の変数が定常でないと検定量が既知の漸近分布に従わない。そこで、各循環的変動項の定常性を調べるためにADF検定を行った。この結果が図表1－6に示されている。

図表1-6　ADF検定

		民間最終消費支出 （循環的変動項）	民間総固定資本形成 （循環的変動項）	政府支出 （循環的変動項）
ラグ =0	トレンドなし	-8.636**	-6.300**	-6.803**
	トレンド	-8.551**	-6.224**	-6.718**
ラグ =1	トレンドなし	-7.181**	-8.216**	-4.685**
	トレンド	-7.113**	-8.125**	-4.635**
ラグ =2	トレンドなし	-4.745**	-5.735**	-3.903**
	トレンド	-4.698**	-5.689**	-3.837**
ラグ =3	トレンドなし	-4.560**	-4.464**	-3.958**
	トレンド	-4.507**	-4.411**	-3.926**

注：t値が表示されている。
　　**は有意水準5％で単位根を棄却、*は有意水準10％で単位根を棄却している。

図表1-6で示されているように、すべてのケースにおいて有意水準5％で帰無仮説、つまり単位根であることを棄却でき、各変数は定常であると判断できる。

次に、民間最終消費支出、民間総固定資本形成、政府支出の循環的変動項を使用し、以下のようなVARモデルを考える。

$$\Delta \ln C_t = \beta_0 + \sum_{s=1}^{p}(\beta_{Cs}\Delta \ln C_{t-s} + \beta_{Is}\Delta \ln I_{t-s} + \beta_{Gs}\Delta \ln G_{t-s}) + u_t^\beta$$

$$\Delta \ln I_t = \varepsilon_0 + \sum_{s=1}^{p}(\varepsilon_{Cs}\Delta \ln C_{t-s} + \varepsilon_{Is}\Delta \ln I_{t-s} + \varepsilon_{Gs}\Delta \ln G_{t-s}) + u_t^\varepsilon \quad (2)$$

$$\Delta \ln G_t = \phi_0 + \sum_{s=1}^{p}(\phi_{Cs}\Delta \ln C_{t-s} + \phi_{Is}\Delta \ln I_{t-s} + \phi_{Gs}\Delta \ln G_{t-s}) + u_t^\phi$$

なお、添え字tは時間、pはラグの次数を表し、$\beta_{ij}, \varepsilon_{ij}, \phi_{ij}\,(i=0,C,I,G;j=1,\ldots,p)$はパラメータ、$u_t^h\,(h=\beta,\varepsilon,\phi)$は誤差項である。また、尤度比検定により2次のラグ($p=2$)が選択された。

その上でまず、グレンジャーの因果性テストを行った。

H1：民間最終消費支出は政府支出の影響を受けない。($\beta_{Gs}=0\forall s$)

H2：民間投資は政府支出の影響を受けない。($\varepsilon_{Gs}=0\forall s$)

その結果は以下の図表1-7で示したとおりである。図表1-7においては、政府支出のみならず、民間最終消費支出や民間投資がそれぞれの変数に影響を与えているかどうかも記載している。この結果から考えると、民間最終消費支出が政府支出の影響を受けないという仮説は棄却されない。同時に民間投資は政府支出の影響を受けないという仮説も棄却されない。そこで、政府支出を政府最終消費支出と公的資本形成に分けて同様の検定を行ってみたが、同様に棄却できないという結果になり、政府支出が消費や民間投資に影響を与えている効果は確認できなかった。

ただし、グレンジャーの因果性テストは、因果性を過去の（二期ラグが選択された当モデルでは一期前と二期前の）政府支出の値が今期の民間最

図表1-7　グレンジャーの因果性テスト

被説明変数:民間最終消費支出

	F値	P値
民間最終消費支出	2.380	0.105
民間総固定資本形成	0.043	0.958
政府支出	2.068	0.139

被説明変数:民間総固定資本形成

	F値	P値
民間最終消費支出	0.388	0.681
民間総固定資本形成	8.400	0.001
政府支出	0.386	0.682

被説明変数:政府支出

	F値	P値
民間最終消費支出	0.308	0.736
民間総固定資本形成	1.223	0.305
政府支出	0.013	0.987

終消費支出と民間総固定資本形成に与える影響の有無で評価したものであり、同時点の変数に与える影響をみたものではない。そこで、政府支出が同時点の民間最終消費支出と民間総固定資本形成に与える影響を確認するために、（2）式のVARモデルにおける累積インパルス応答関数をみることにする。累積インパルス応答関数とは政府支出の初期のショックがその後の民間最終消費支出、民間総固定資本形成に与える影響を累積値で表現したものであり、図表1-8であらわされている。それによると、第一期に政府支出が同時期の民間最終消費支出・民間総固定資本形成の成長率にプラスに働いていることがわかる。特に民間総固定資本形成に与える影響

図表1-8　累積インパルス応答関数

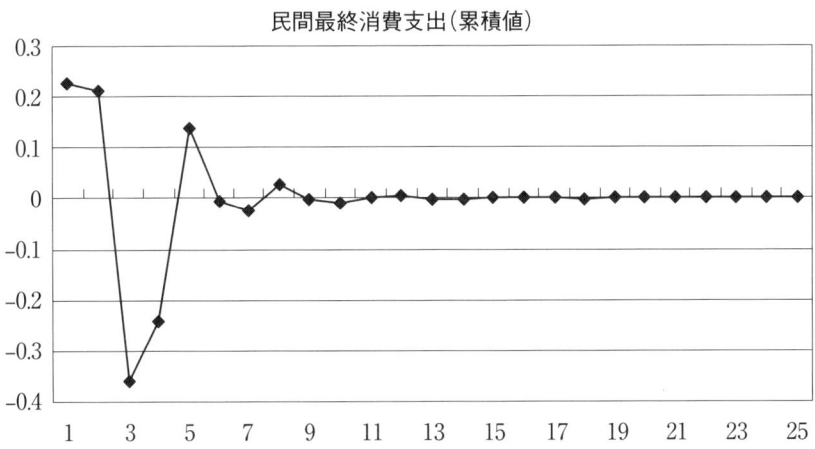

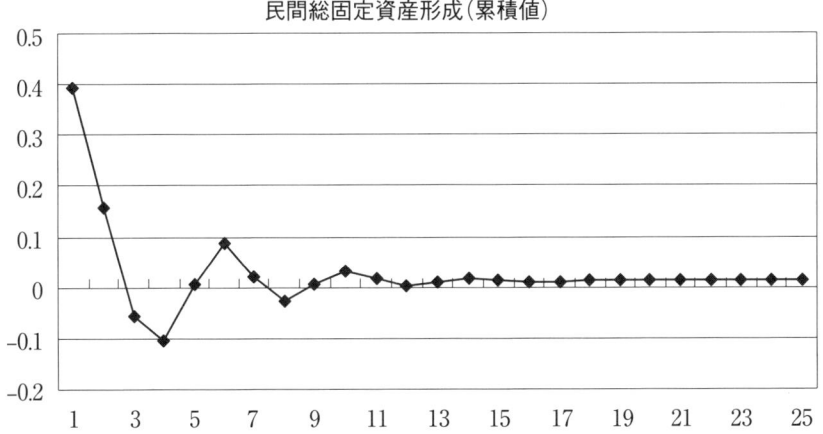

が大きいことが確認される。しかしながら、その後はマイナスに振れることにより、消費・投資に与える影響が相殺されてしまい、民間最終消費支出・民間総固定資本形成とも累積効果は見当たらない。公共事業によって支えられている印象の強い新潟県であるが、それが積極的に需要拡大に貢献しているとはいえないということであろう。

次に、期間を区切って政府支出の効果をみてみよう。1975年度までのデータを使用し、上記の方法で仮説検定を行った結果は図表1-9のとおりである。

期間を1975年までに区切ると、政府支出が5％有意水準で有意に民間最終消費支出に影響を与えているという興味深い結果が導出される。累積インパルス応答関数は、図表1-9でみた全期間の累積インパルス応答関数に比べて振れ幅が大きくなり、80年以降の結果よりも政府支出の増加が消費や投資にインパクトを与えていたことはいえるかもしれない。しかし、

図表1-9　グレンジャーの因果性テスト（1975年度まで）

被説明変数:民間最終消費支出

	F値	P値
民間最終消費支出	2.178	0.156
民間総固定資本形成	0.067	0.936
政府支出	3.144	0.080

被説明変数:民間総固定資本形成

	F値	P値
民間最終消費支出	0.601	0.564
民間総固定資本形成	4.798	0.029
政府支出	0.896	0.434

被説明変数:政府支出

	F値	P値
民間最終消費支出	0.305	0.743
民間総固定資本形成	0.832	0.459
政府支出	0.150	0.862

政府支出増加と同時期の消費や投資が増加したとしてもその後はマイナスの成長率に振れるために、期間中積極的に需要拡大に貢献したとはいえないものであった。

　この結果は次のような解釈ができる。まず、消費が政府支出に影響を受けない理由としては、ひとつに県外への波及効果が大きいことが考えられる。県内経済は他都道府県と経済的つながりが大きく、県内外との移出入が大きい。その場合、政府支出を増加しても、県外へその効果が逃げてしまう可能性がある。もうひとつの解釈は、家計が合理的に行動し、政府支出の増加などの財政悪化をもたらすものを将来における増税や政府サービスの低下を意味するものと解釈してしまい、来るべき将来のために貯蓄を増やすなどの行動をとるというものである。その結果消費活動が制限される。

　投資に与える影響はクラウディングアウトが考えられるが、政府支出が投資を阻害するクラウディングアウトは理論的には利子率の上昇によって生じるはずである。しかしながら、県内のみにおける政府支出の増加は全国的な利子率の上昇圧力にはならない。そのため、投資の減少は起こることがないと考えられる。

　以上から、新潟県における政府支出の増加が需要に与える影響は、当該期にはプラスの影響があるものの、累積効果をみると効果は限定的であった。このように、地方政府の政府支出が景気対策として効果を持たないという結果は宮崎（2008）とも整合的である[7]。

---

[7] 宮崎（2008）は公共投資が経済に与える影響を有効求人倍率や鉱工業生産指数を使って観測し、中央政府では一定の効果はあるものの、地方政府に関して効果がみられなかったことを示している。

第4節　長期効果の検証

　前節の結果からは、新潟県における政府支出の短期的な需要創出効果はさほど期待できないようである。しかしながら、政府支出の長期的影響、具体的には政府支出のうち公共投資が供給面に影響を及ぼす可能性を無視してはいけない。政府支出が産業の生産性を上昇させることによって、民間投資を誘発し、民間資本の蓄積に貢献する可能性を検証する必要があろう。例えば、Aschauer（1989）は政府投資による社会資本の蓄積が民間資本の生産性の上昇につながることから、公共投資は結果的に民間投資を増加させると述べている。

　また、公共投資の蓄積としての社会資本ストックが供給面にあたえる影響を時系列分析で検証した論文も少なくない[8]。本章で中心的に用いる時系列分析で日本における政府支出が長期的な資本蓄積等に与える影響をみたものとしては林（2004）があげられる。林（2004）は、全国を3地域に分割して、地域別に社会資本が生産量、就業者数、民間資本に与える効果を検証している。その結果、グレンジャーの因果性テストでは、社会資本の増加は生産量には影響を与えるが、民間資本に与える影響は確認できなかった。また、長期的効果をインパルス応答関数で見た場合、新潟県が含まれる地域では社会資本の増加は民間資本・生産量ともにマイナスに働くことが示されている。つまり、長期的に投資需要を促していたとしても、それが民間資本の増加や長期的な生産量の増加には結びついていないということを意味する[9]。

　また、畑農（2008）は、民間資本ストックと社会資本ストックの長期的

8　例えば、Batina（1998）、Nourzad（1998）があげられる。
9　ただし、使用した民間資本ストックや社会資本ストックの定常性がみたされていない可能性が高いことに注意する必要がある。通常非定常変数を含む場合には、グレンジャー因果性の検定統計量は非標準的な分布に従うことが知られている。特に新潟県の民間資本ストック、社会資本ストックともにⅠ(2)過程であるため、林（2004）の方法は本分析では採用できなかった。

関係を共和分として捉えて分析している。畑農（2008）は社会資本ストック、民間資本ストックともに調達金利を通じて、限界生産性が等しくなるように資源配分されるのであれば、社会資本ストックと民間資本ストックには共和分関係が存在すると主張している。よって民間投資関数は社会資本ストックと民間資本ストックの長期均衡関係に依存しているものとし、民間投資関数を誤差修正モデルによって表現し推計を行っている。本節ではこの社会資本ストックと民間資本ストックの長期均衡関係を効率性の指標とみなし、効率性を検証する。

まず最適化問題から導出される、民間資本ストックと社会資本ストックの長期均衡の関係を示そう。生産関数をFutagami, Morita, and Shibata（1993）等で提示された社会資本ストックを含んだものとする。本分析では畑農（2008）と同様にコブ・ダグラス型の生産関数を考えよう。

$$Y_t = A_t L_t^\alpha K_t^\beta KG_t^\gamma \tag{3}$$

なお、Y_tはt期の生産、L_tは労働投入量、A_tは技術水準、K_tは資本ストック、KG_tは社会資本ストック、αとβ、γはパラメータを表している。最適化行動の結果、民間資本ストックの限界生産性と社会資本ストックの限界生産性の比率はそれぞれの調達金利比と等しくなる。金利比が固定値をとる場合には、民間資本ストックと社会資本ストックの関係は以下のように表現できる。

$$K_t = \lambda KG_t, \quad \lambda = \frac{\beta}{\gamma\theta} \tag{4}$$

なお、θは金利比である。つまり、（4）式は民間資本ストックと社会資本ストックは長期的には比例的な関係を持っていることを示しており、資源が最適配分されているときには両変数が共和分の関係になることの根拠となる。

（4）式を対数変換すると線形で表現できるため、推定する式は

$$\ln K_t = \eta_0 + \eta_{KG} \ln KG_t + u_t, \tag{5}$$

と表される。なお、tは時間を表し、η_0, η_{KG} はパラメータ、u_tは誤差項である。まず、民間資本ストックと社会資本ストックが実際に共和分関係になるかの前段階として、それぞれの和分過程をADF検定により検定した。その結果が図表1-10に示されている。

図表1-10　ADF検定

	定数項	トレンド	民間資本 (一階階差)	社会資本 (一階階差)	民間資本 (二階階差)	社会資本 (二階階差)
ラグ =0	×	×	-0.632	-0.377	-4.835**	-4.650**
	○	×	-0.156	-0.830	-4.875**	-4.597**
	○	○	-2.250	-1.933	-5.089**	-5.546**
ラグ =1	×	×	-0.826	-0.510	-4.454**	-3.311**
	○	×	-0.649	-1.345	-4.486**	-3.267**
	○	○	-2.331	-2.586	-5.004**	-4.071**
ラグ =2	×	×	-0.884	-0.605	-3.081**	-2.140**
	○	×	-0.161	-1.315	-3.113**	-2.111
	○	○	-1.872	-2.803	-3.715**	-2.587
ラグ =3	×	×	-0.794	-0.887	-3.411**	-2.444**
	○	×	-0.410	-1.605	-3.537**	-2.412
	○	○	-2.433	-3.089	-4.026**	-3.018

注：t値が表示されている。**は有意水準5%で　*は有意水準10%で単位根を棄却している。

その結果、2階の階差をとった場合には定常となり、両系列ともI(2)にしたがっていると考えられる。

この民間資本ストックの対数値と社会資本ストックの対数値を最小二乗法で当てはめると

$$\ln K_t = 3.832 + 0.867 \ln KG_t$$

となる。

この当てはめで得られた残差e_tは、$\ln K_t$と$\ln KG_t$の線形加重和であり、こ

れを図示してみると、図表1-11のようになり、定常系列とは言いがたい。

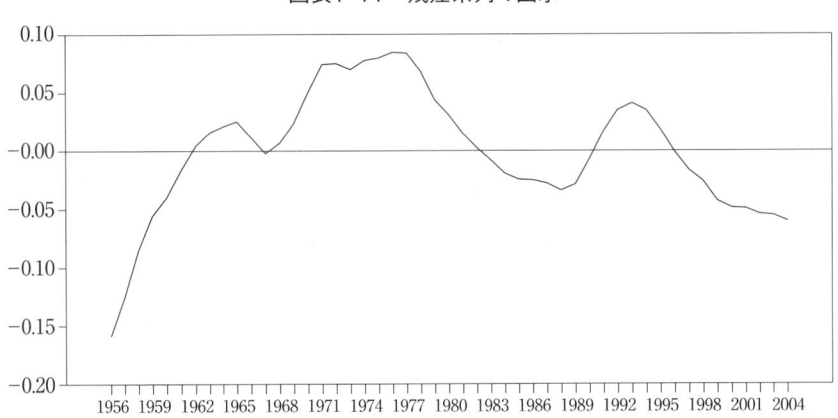

図表1-11 残差系列の図示

ところで、I(2)過程の時系列の線形加重和について、以下の三つの可能性が考えられる。
① 民間資本ストックと社会資本ストックは共和分関係にない。
② 民間資本ストックと社会資本ストックは共和分関係にあるが、線形加重和はI(1)である（つまりCI(2, 1)である）。
③ 民間資本ストックと社会資本ストックは共和分関係にあり、線形加重和はI(0)である（つまりCI(2, 2)である）。

図表1-11をみるかぎり①は考えられない。②の場合、たとえ共和分の関係にあったとしても、線形加重和は非定常である。したがって、社会資本ストックと民間資本ストックは長期的な均衡状態ではないといえるだろう。以上から、線形加重和がI(0)か、そうでないかが効率性を判断するためには重要になるのである。

そこで、Haldrup（1994）の方法を使用する。Haldrup（1994）は、I(2)過程の変数を被説明変数とし、被説明変数とCI(2, 1)で共和分しているI(2)

過程の変数とI(1)過程の変数を説明変数とする回帰において、残差の次数がI(1)かI(0)かを検定するADF検定を示している。そこで、Haldrup（1994）と同様の方法を、民間資本ストックと社会資本ストックの対数値の関係に適用し、残差をADF検定した結果が図表1－12に示されている。

図表1-12　共和分ADF検定

帰無仮説	対立仮説	統計量
I(1)	I(0)	-2.725

**は有意水準5%で帰無仮説を棄却、*は有意水準10%で帰無仮説を棄却している。

なお、図表1－12の仮説検定における検定統計量の臨界値は、Haldrup（1994）で示された分布表を用いている。この結果、残差がI(1)であることを棄却できなかった。つまり、社会資本ストックと民間資本ストックの間に、長期均衡関係が存在するとはいえないということになる。以上のことにより推測できるのは、民間投資と公共投資の間で経済効率的に資源が配分されていなかったということであろう。もし、限界生産性が金利を通して比例的な関係になるのであれば、民間資本ストックと社会資本ストックに長期的な均衡関係が存在するはずである。それが認められなかったということは、公共投資が、長期的効果からみて経済効率性を考慮して実施されてこなかったということを意味していると考えられる[10]。

10　今回得た結果は、社会資本ストックが生産に寄与しないということを意味しているわけではない。今回使用した社会資本ストックは稼働率調整していない粗資本ストックであるため、社会資本ストックが完全利用されている状態に比べて過大に供給されている場合、効率的に使用されていないという結果になる。

第5節　結論

　本章では、新潟県の財政状況を概観した上で、新潟県における財政政策が経済にどのような効果をもたらしたかを時系列分析により検討した。

　まず、新潟県における財政政策の短期的効果をみるために、各変数をHodrick-Prescottフィルターによってトレンド項と循環的変動項に分けた上で、循環的変動項についてVARモデルで推定を行い、グレンジャーの因果性テストを行った。その結果、民間最終消費支出にも民間総固定資本形成にも影響を与えていることを確認できなかった。ただし、累積インパルス応答関数によって、政府支出の変動は同時期の民間最終消費支出や民間総固定資本形成には一定の影響を与えていることは確認できたものの、その影響は限定的であった。以上から新潟県経済でみるかぎり、経済の安定化のために行われる財政支出はそれぞれの支出項目に大きな影響を与えることができず、景気対策としての効果は期待できないということであろう。これは90年代における財政支出の増大にかかわらず、経済成長、ひいては税収が伸び悩み、巨額の財政赤字を生み出した結果と合致する。

　次に、政府支出が社会資本の蓄積を通して供給面に与える影響（長期的影響）をみるために、社会資本ストックと民間資本ストックの共和分関係について、残差の定常性をみることによって検定した。その結果、社会資本ストックと民間資本ストックの間に長期的な均衡関係がみられず、社会資本ストックが経済効率性の観点から供給されていなかった可能性が示唆される。

　もちろん、社会資本ストックの役割は生産面の効率性のみで測るべきではなく、どれだけ住民の便益を高めたかという尺度で測られるべきかもしれない。しかしながら、財政状態が厳しい今、どの項目にどれだけの財政を投入するかの選択は以前に増して厳しいものとなっている。それだけに、政府支出がどれだけ効果的に行われているかを検証するのはこれからの重

要な課題といえるであろう。

補論：データの作成方法

本章の分析に用いたデータの推計方法は以下の通りである。

民間最終消費支出、民間総固定資本形成、政府支出

これらは、名目値を2000暦年価格のデフレータで除して求めた実質値である。

それぞれの値は、1955年度から1974年度までについては、旧経済企画庁（現内閣府）『長期遡及推計 県民経済計算報告』を、1975年度から1989年度までは内閣府経済社会総合研究所『平成14年版県民経済計算年報』を使用し、それ以降は『新潟県県民経済計算 平成19年度版』を使用している。ところで、これらのデータは、SNA体系が68SNAと93SNAが混在している[11]。そこで、93SNAベースで推計された1990年度以降のデータを68SNAの概念に合わせて修正した。

民間資本ストック・社会資本ストック

新潟県の民間資本ストックおよび社会資本ストックはともに実質値であり、全国ベースで資本ストック額と新設投資額、除却額を推計し（中東（2008）を改訂）、その後、それぞれを都道府県別に按分したものを積み上げなおして推計している。

全国値の推計

民間資本ストックは、内閣府経済社会総合研究所『民間企業資本ストック確報』をもとにして推計している。まず、民営化企業分の民営化前資本

---

11 68SNAと93SNAの相違点等は浜田（2001）が詳しい。

ストックは、内閣府政策統括官編（2007）の推計値をもとに推計しなおし、民間資本ストックに加算している。そして、内閣府政策統括官編（2007）の住宅ストックの推計値も民間資本ストックに加算している。また、公的企業の多くは経済活動別分類において産業に属しているので、内閣府政策統括官編（2007）の部門別推計結果のうち、道路のうち有料道路分と水道、国有林、工業用水道、鉄道建設公団（民鉄分を除く）を民間資本ストックに加えている。

社会資本ストックは、内閣府政策統括官編（2007）の20部門別社会資本のうち、道路（有料道路を除く）と都市公園、港湾、農林水産、環境衛生、厚生福祉、治山治水、海岸保全、文教施設、空港、下水道を合算したものとした。

都道府県別（新潟県）での按分指標

民間資本ストック、社会資本ストックともにベンチマークを1954年度末時点とした。ベンチマーク時点における民間資本ストックは、1955年度の固定資本減耗の全国比率で按分し、社会資本ストックは、昭和40年に経済審議会地域部会で推計した地域別資本ストック（竹内編著（1967）の付表1に掲載）の昭和29年度末時点の全国比率で按分した。

民間資本ストックにおける新設投資額は、民間総固定資本形成と公的総固定資本形成の住宅と企業設備の合計の全国比率で按分し、民間資本ストックにおける除却額は、1974年度までは、経済活動別県内総生産の産業計の全国比率で按分し、1975年度以降は、産業計の固定資本減耗の全国比率で按分した。

また、社会資本ストックは、社会資本ストックの純増額を公的総固定資本形成の一般政府の全国比率で按分して積み上げている。

参考文献

Aschauer, D. A. (1989) "Does Public capital Crowd out Private Capital?", *Journal of Monetary Economics* 24.

Batina, R. G. (1998) "On the Long Run Effects of Public Capital and Disaggregated Public Capital on Aggregate Output", *International Tax and Public Finance* 5.

Futagami, K., Y. Morita, and A. Shibata (1993) "Dynamic Analysis of an Endogenous Growth with Public Capital", *Scandinavian Journal of Economics* 95.

Haldrup, N. (1994) "The Asymptotics of Single-Equation Cointegration Regressions with I(1) and I(2) Variables", *Journal of Econometrics* 63.

Hodrick, R. and E. Prescott. (1997) "Post-War U.S. Business Cycles: An Empirical Investigation", *Journal of Money, Credit, and Banking*.29, No.1.

McMillin, W. D. and D. Smyth (1994) "A Multivariate Time Series Analysis of the United States Aggregate Production Function", *Empirical Economics* 19, (4).

Nourzad, F. (1998) "Infrastructure Capital and Private Sector Productivity: A Dynamic Analysis", *Quarterly Journal of Business and Economics* 37, 1.

井堀利宏・川出真清 (2001)「日本の財政政策」『経済研究』第52号.

井堀利宏・中里透・川出真清 (2002)「90年代の財政運営：評価と課題」『フィナンシャル・レビュー』第63号.

大西茂樹 (2002)「デフレーションの要因分析」『フィナンシャル・レビュー』第66号.

照山博司 (2001)「VARによる政策の分析：展望」『フィナンシャル・レビュー』第59号.

竹内良夫編著（1967）『日本の社会資本－現状分析と計画』鹿島研究所出版会.

土居丈朗（1998）「日本の社会資本に関するパネル分析」『国民経済』第161号.

内閣府政策統括官（経済社会システム担当）編（2007）『日本の社会資本2007』国立印刷局.

中澤正彦（2002）「名目金利と経済動向」『フィナンシャル・レビュー』第66号.

中澤正彦・大西茂樹・原田泰（2002）「財政金融政策の効果」『フィナンシャル・レビュー』第66号.

中野英夫（2002）「地方債制度と財政規律－地方債の交付税措置を通じた地方債許可制度の歪み－」『フィナンシャル・レビュー』第61号.

中東雅樹（2008）「社会資本の資産価値―社会資本の生産力効果からの接近―」『会計検査研究』37号.

畑農鋭矢（2000）「社会資本整備の雇用創出効果」『千葉大学経済研究』第15巻第1号.

畑農鋭矢（2008）「公共投資の民間投資誘発効果－ストック均衡を考慮した誤差修正モデルによる検証－」『フィナンシャル・レビュー』第89号.

浜田浩児（2001）『93SNAの基礎－国民経済計算の新体系』東洋経済新報社.

林正義（2004）「社会資本整備による地域経済分析－地域別VARによる分析－」『経済研究』第129号 明治学院大学経済学会.

福田慎一・計総（2002）「日本における財政政策のインパクト－90年代のイベントスタディー－」『金融研究』第21巻第3号.

別所俊一郎（2008）「公共投資の実施と政府間関係」『フィナンシャル・レビュー』第89号.

宮崎智視（2008）「地方政府の公共投資と景気対策」『フィナンシャル・レビュー』第89号.

第2章　公共事業評価の再検討[1]
── 美しいむらづくり総合整備事業（小千谷地区）の　ケーススタディー ──

佐藤　良一・亀田　啓悟

第1節　はじめに

　本章の目的は、1998年（平成10年）より本格導入された公共事業評価の問題点を、新潟県小千谷市で実施された農林水産省所管の農業農村整備事業の事例研究により明らかにすることである。

　1997年（平成9年）12月5日、公共事業を効率的に執行し透明性を確保するため、事業採択段階において費用対効果分析を活用し、また事業採択後一定期間経過後の未着工事業を対象に「再評価システム」を導入するよう、橋本総理大臣（当時）から指示がなされた。これにより事業評価制度が導入され、国土交通省、農林水産省等が所管する各事業の評価マニュアルも整備された。また、2001年（平成13年）6月には「行政機関が行う政策評価に関する法律」が国会で可決・成立し、翌年4月に施行された。そして、同年7月に総務省から『「各省府が実施した評価についての審査」－平成14年度総括－』[2]が公表され、公共事業評価の一応の仕組みが完成した。

　しかし、この公共事業評価システムに対しては数多くの批判が存在する。例えば、栗山（2003）は（1）効果計測が過大評価される誘因がある、（2）

---

[1] 本章は、佐藤（2006）、および環境経済・政策学会2006大会での研究報告を加筆・修正したものである。環境経済・政策学会2006大会でコメントいただいた碓井健寛先生（創価大学経済学部講師）に感謝申し上げる。また本章の作成に当たり澤村明准教授（新潟大学）よりご指導をいただいた。記して感謝申し上げる。ただし、あり得べき誤謬はすべて筆者の責に帰するものである。
[2] http://www.soumu.go.jp/s-news/2003/030711_2.html

公共事業の環境に及ぼすマイナスの影響が計測されていない等、便益、費用の測定上の問題を指摘している。また金本（2003）は、評価結果の中身、特にその手法とデータに関するより詳細な情報が非公開であるため、外部による再検討が不可能である点を批判している。

　そこで本研究では、過去に行われた公共事業評価を再検討し、先行研究の指摘する問題が本当に実在するのかを分析することにしたい。具体的には農林水産省が実施した平成16年度「美しいむらづくり総合整備事業（小千谷地区）」の事前評価結果を新潟県及び小千谷市から入手した独自の資料により再検討する。

　本章の構成は以下のとおりである。第２節では「美しいむらづくり総合整備事業（小千谷地区）」の概要をまとめ、公表された本事業に対する事前評価結果を費用便益分析を中心に説明する。第３節では1999年度の予算作成から利用されている現行の公共事業評価制度に対する批判をサーベイし、本事業を再評価する際に必要な視点をまとめる。第４節では筆者が独自に新潟県庁農地部より入手した資料により、本事業の費用便益分析の詳細を説明する。第５節では第３節でまとめた視点に基づき本事業の再評価を実施する。第６節は結論である。

第2節　「美しいむらづくり総合整備事業（小千谷市）」について

2-1　事業の概要

　本節では、本研究で事例検討の対象とする「美しいむらづくり総合整備事業（小千谷市）」の事業概要を述べる。
　「美しいむらづくり総合整備事業」の名称は、農林水産省の農業農村整備事業の中で使用されているもので、小千谷市では「農都共生事業」と呼ばれている。
　小千谷市『農都共生事業計画概要』[3]によれば、本事業は総事業費：585,000千円、工期：平成16年から平成21年の事業である。広大な塩殿台地に滞在型の休憩施設のついた市民農園、田園住宅、周辺の集落からの連絡道を建設し、周辺の池、水辺を整備することにより、農業を通じた都市と農村の交流を目指すという総合整備事業である。
　制度上は
●美しいむらづくり総合整備事業　＜総事業費334,000千円＞
●新山村振興等農林漁業特別対策事業　＜総事業費251,000千円＞
の2つの国庫補助事業の複合事業であり、負担区分は、国50％、県10～17.5％、市32.5～40％（事業により負担率が異なる）となっている。具体的な工種は以下のとおりである。

3　小千谷市農林課資料

●美しいむらづくり総合整備事業

◆農村生活環境基盤整備事業　＜事業費124,500千円＞

1　農業集落道整備　＜事業費52,800千円＞

・塩殿集落から整備を計画している田園住宅、クラインガルテン[4]、市民農園等の施設のある台地への道路改良を行う。

2　自然環境・生態系保全施設整備

以下の3カ所で施設整備を行う

・ばば清水　＜事業費28,200千円＞

施設の概要：せせらぎ水路、駐車場、水飲み場、安全柵、トイレ、階段

・谷内池　＜事業費21,400千円＞

施設の概要：遊歩道、水辺公園、あずまや、トイレ、水飲み場、駐車場、案内板

・郡殿（こおりどん）の池　＜事業費21,100千円＞

施設の概要：連絡道、駐車場、案内看板、道路舗装、トイレ

3　住民参加促進環境整備　＜事業費1,000千円＞

どうだんつつじの植栽

◆農村交流基盤整備事業

1　塩殿市民農園整備　＜事業費155,400千円＞

整地、農園整備、管理棟、堆肥堆積場、駐車場、集落農園、用水池

日帰り型市民農園、104区画、1区画50㎡年間利用料1万円

2　塩殿クラインガルテン

30区画、1区画300㎡でうち農園は150㎡

滞在型の市民農園でラウベという休憩施設が各区画に整備される。

年間利用料は約30万円から60万円の間を予定

4　クラインガルテン：簡易宿泊施設のある宿泊型市民農園で、1区画毎に休憩や簡易宿泊が可能な小屋（ラウベ）が設けられる。ドイツが発祥の地で、日本では1990年代から全国各地に誕生した。

3　白山市民農園　＜事業費53,100千円＞
　　整地、農園整備、管理棟、堆肥堆積場、駐車場、集落農園、用水池

●新山村振興等農林漁業特別対策事業　＜総事業費251,000千円＞
　・設計委託費　＜事業費1,000千円＞
　・ラウベ建設　約40㎡　30棟　＜事業費250,000千円＞

2-2　公表されている評価結果

2-2-1　農林水産省農村振興局公表の評価結果

　第1節で述べたように、わが国においては2001年（平成13年）6月に「行政機関が行う政策評価に関する法律」が国会で可決・成立した。これを受けて農林水産省では『農林水産省政策評価基本計画』[5]が作成され、特に事前評価が必要となる農業農村整備事業に含まれる公共事業については農村振興局長による『農業農村整備事業における新規採択時の評価手法の明確化について』（以後、農村振興局長通知と呼ぶ）[6]においてその評価手法が定められた。この結果、従前より土地改良法に基づき実施していた費用便益分析に加え、新たにチェックリストによる定性的な評価もなされることとなった。

　本事業の農林水産省農村振興局公表の事前評価結果は図表2-1のとおりである[7]。具体的には営農経費の節減がマイナス400万円、地域の生活環

5　http://www.maff.go.jp/www/press/cont2/20060329press_4b.pdf
6　http://www.green.go.jp/koukai/pdf/02/06jigyou/nouyouchi/jizenhyouka/syuhounomeikakuka.pdf
7　美しいむらづくり総合整備事業は、それ自身の事前評価だけでなく農村振興総合整備統合補助事業としての事前評価も受けることになっている。前者の事前評価はチェックリストによる評価のみで費用便益分析の視点は後者にのみ含まれる。よってここでは後者の評価結果を掲載している。詳しくは以下のサイトを参照されたい。
　　http://www.maff.go.jp/nouson/hyouka/h16/zizen/hojyo_h160602/b-2.pdf
　　なお、事業評価は事業の実施地区ごとに行うのが原則だが、当該事業が他の事業と一体的効果を発揮する場合等については他の事業と一体的に評価を行うことになっている。詳しくは『農林水産省政策評価基本計画』の3-（2）を参照のこと。

境の保全・向上が6300万円で総便益は8億2200万円となっており、これを総費用5億8800万円で除した値である費用便益比が、1.39となっている。よってこの評価結果に従う限り、当事業は経済学的に有益であるといえる[8]。なおこの視点は新設されたチェックリストにも盛り込まれており、図表2－1からもわかるようにチェックリスト判定基準表［必須事項③］（事業の効率性が十分見込まれることに対する判定基準「貨幣換算可能な効果については、費用便益比が1.0以上であること」）で評価されている[9]。

図表2-1 事前評価結果

(出典) 農林水産省農村振興局事業評価ホームページ 平成16年度事前評価結果参考資料

2－2－2 北陸農政局公表の費用対効果分析結果

農村振興局長通知では、市町村が事業主体となる国庫補助事業について地方農政局が事前評価を実施・公表するように指示されている。よって前節で述べた費用便益比1.39の計算根拠は北陸農政局の公表資料によりたどることができる[10]。

図表2－2は「美しいむらづくり総合整備事業（小千谷地区）」の費用便益比の算定表を示したものである。その算出過程は次のとおりである。まず別途求められた②の年総効用を⑤の係数で除して、耐用年数に応じた総便益の現在価値を求める[11]。ついで、この値から事業により廃用となる

---

[8] もちろん、費用便益分析で通常用いられる仮定を受け入れる限りにおいてである。特に公平性については別途評価が必要となる点には留意されたい。
[9] 本事業に関するチェックリストの細かな内容については、以下のサイトを参照されたい。
http://www.maff.go.jp/nouson/hyouka/h16/zizen/hojyo_h160602/check.pdf
[10] ただしこの公表資料は現在北陸農政局HPには掲載されていない。
[11] 第4節で詳細に論じる。

施設[12]の現存価値を減ずると⑥の総便益が得られる。また⑥の総便益を①総事業費で除した値が投資効率であり、図表2－1に記載された費用便益比と同じものである[13]。

図表2-2　費用便益比の算定

区　分	算　式	数　値	備　考
総事業費	①	588,340　千円	(うち関連事業251,000千円)
年効用	②	59,007　千円	
廃用損失額	③	368　千円	廃用する施設の現存価値
総合耐用年数	④	22　年	当該事業の耐用年数
還元率×(1＋建設利息率)	⑤	0.0717	総合耐用年数に応じた効用から総便益を算定するための係数
総便益	⑥＝②÷⑤－③	822,603　千円	
投資効率	⑦＝⑥÷①	1.39	

（出典）北陸農政局ホームページ

　次に②の年効用の内訳を図表2－3で見ていこう。これによれば効用は、営農経費節減効果と地域の生活環境の保全・向上効果の和として定義される。

　営農経費節減効果は以下の3つで構成される。走行経費削減効果は、農業集落道を整備することにより集落と農場との距離が短縮され、通作等の経費が節減される効果であり、農作業効率化効果は、新たに整備される農村公園等に整備されるトイレを利用することにより農地と自宅との移動経費が節減される効果である。これらはいずれも直接法により算定している。また、維持管理費節減効果は、新たな施設の整備による維持管理費が生ずるため年効果額から約1200万円のマイナスとなっている。

　また、地域の生活環境の保全・向上効果は、集落道の整備による快適性

12　現存する道路のコンクリート舗装価値。
13　「投資効率」という言葉は「費用便益比」と同じ意味で用いられているので、以後、原則として「費用便益比」を利用する。

向上効果、安全性向上効果と集落農園の整備による農村活性化効果、景観形成向上効果、地域経済活性化効果の5つにより算定されている。前の4つの効果はともにCVM（仮想市場法）により年効果額が算定されており、最後の地域経済活性化効果は、トラベルコスト法により算定されている[14]。

図表2-3　年効用の総括

項　目		年効果額(千円)	効果の内容
営農経費の節減	営農に係る走行経費節減効果	1,005	農作物の輸送や農地への通作にかかる輸送経費・走行経費節減 対象施設：集落道
	農作業効率化効果	7,374	新設施設にあるトイレ等により自宅等への移動経費削減 対象施設：集落農園、自然環境生態系保全施設整備
	維持管理費節減効果	-11,980	集落道の改修に伴う維持管理費節減、新設施設の維持管理費増加 対象施設：プラス効果(集落道)マイナス効果(新設の生活環境基盤整備工種)
地域の生活環境の保全・向上	快適性向上効果	2,758	道路が拡幅されることにより、従来と比べ車同士や車と歩行者のすれ違いが容易になるなどの日常交通の快適性が向上する効果をCVMにより算定 対象施設：集落道
	安全性向上効果	2,689	道路が拡幅されることにより、従来と比べ車同士や車と歩行者のすれ違いが容易になるなどの日常交通の安全性が向上する効果をCVMにより算定 対象施設：集落道
	農村活性化効果	8,383	施設整備により、住民に対しての余暇の充実・健康を促進し、施設を利用したサークル活動による連帯意識の醸成、地域間交流を促進する効果についてCVMにより算出 対象施設：集落農園、自然環境生態系保全施設整備
	景観形成効果	7,513	緑地等空間形成により、ゆとりのある集落環境を創出・演出できるようになる効果についてCVMにより算出 対象施設：集落農園、自然環境生態系保全施設整備
	地域経済活性化効果	41,265	施設整備により都市住民との交流が活性化し、その結果地域にもたらされる経済効果を算出 対象施設：集落農園(塩殿)
計		59,007	

(出典)北陸農政局ホームページ
注：一部の項目について効果の策定方法を加筆

14　これらの便益評価手法については第3節で簡単に説明する。

２－３　小千谷市の国庫補助申請資料からの情報

　それぞれの年効果額の算定に用いられた資料、算出の過程、CVMで実施されたアンケート調査結果などの基礎資料は、農林水産省からは公表されておらず、多くの専門家からの批判を受けている[15]。しかし農村振興局長通知では、自治体が補助事業に申請する際、チェックリストにより自己評価することを求めている。そこで本章では補助申請時に添付された未公表資料（『美しいむらづくり総合整備事業　経済効果』・以下、『補助申請資料』と呼ぶ）を独自に入手し、その計算根拠を再検討することにした。その内容をまとめると図表２－４、図表２－５のようになる。

　図表２－４に示すように「美しいむらづくり総合整備事業（小千谷地区）」は、3種類6カ所の個別事業から構成されており、各々の経済効果の測定結果は図表２－５のとおりである。簡単にまとめると、地区全体の総事業費588,340千円の内訳は、農業集落道：53,328千円、自然環境・生態系保全施設：71,407千円、集落農園：463,605千円となっており、地区全体の投資効率の1.39の内訳は、農業集落道：2.06、自然環境・生態系保全施設：1.89、集落農園：1.25である。

　これらの数値は農林水産省の『農村生活環境整備の費用便益分析マニュアル（案）』（2001）に基づいて算出されており[16]、ルール上の問題はない。しかし、そもそもこのマニュアルに対する批判は枚挙にいとまがなく、故にこれらの数値も信頼されていない状況にある。次節ではこれらマニュアルに対する批判をまとめ、5節において本事業の再評価を実施することにする。

15　第3節参照。
16　小千谷市での筆者のヒアリングによる。

図表2-4　事業概念図

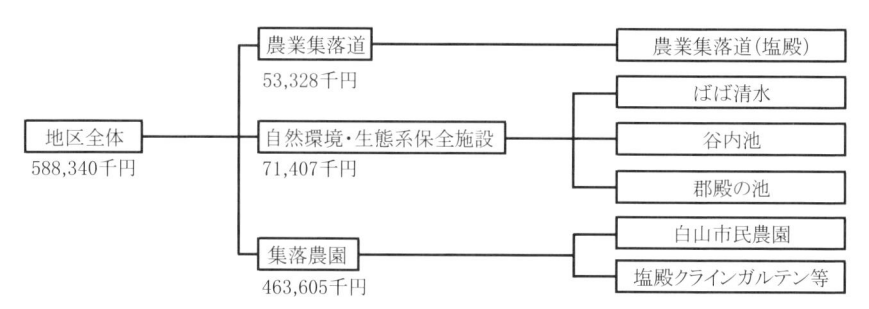

```
地区全体          農業集落道 ─────────── 農業集落道(塩殿)
588,340千円       53,328千円
                                        ┌─ ばば清水
                 自然環境・生態系保全施設 ─┼─ 谷内池
                 71,407千円              └─ 郡殿の池

                 集落農園 ──────────┬─ 白山市民農園
                 463,605千円         └─ 塩殿クラインガルテン等
```

(出典)『美しいむらづくり総合整備統合補助事業　経済効果』から筆者作成
注：ブロック下の金額は、それぞれの事業の総事業費である。

第2章　公共事業評価の再検討　47

図表2-5　経済効果の測定(全体総括表)

地区名：新潟県小千谷

(単位:千円)

投資効率及び所得還元率			地区全体	農業集落道	自然環境・生態系保全施設	集落農園
総事業費		①	588,340	53,328	71,407	463,605
	うち関連事業費		251,000			251,000
うち本事業費	当該事業費		334,000	52,800	70,700	210,500
	(うち重複分)					
	地方事務費		3,340	528	707	2,105
年償還額		②				
年総効果額		③	59,007	6,492	10,772	41,744
年総増加所得額		④				
廃用損失額		⑤	368	368		
総合耐用年数		⑥	22	30	18	22
還元率×(1+建設利息率)		⑦	0.0717　T=1	0.0589 (T=3)	0.0759 (T=1)	0.0717(T=1)
妥当投資額		⑧=③÷⑦-⑤	822,603	110,221	135,491	582,197
投資効率		⑨=⑧÷①	1.39	2.06	1.89	1.25
所得償還率		⑩=②÷④×100				
事業所得指数		⑪=④÷①×1000				
基準指数		⑫				

年効果額および年増加所得額の内訳						
目次	作物生産効果					
	品質向上効果					
	小計					
農業経営向上	農業経費節減効果					
	維持管理費節減効果		-11,980	40	-1,200	-10,820
	営農に係る走行経費節減効果		1,005	1,005		
	小計		-10,975	1,045	-1,200	-10,820
生産基盤保全	更新効果					
	災害防止効果					
	小計					
生活環境整備	一般交通等経費節減効果					
	環境保全効果					
	農村活性化効果(CVM)		8,383		4,475	3,908
	快適性向上効果(CVM)		2,758	2,758		
	安全性向上効果(CVM)		2,689	2,689		
	景観形成効果(CVM)		7,513		4,291	3,222
	災害応急対策施設の確保効果					
	類似施設利用経費節減効果					
	農作業効率化効果		7,374		3,206	4,169
	災害時の避難地確保効果					
	小計		28,717	5,447	11,972	11,299
その他	地域活性化効果		41,265			41,265
	計		59,007	6,492	10,772	41,744

(出典)『美しいむらづくり総合整備統合補助事業 経済効果』(新潟県小千谷市)
　　　を筆者一部加筆

第3節　現行公共事業評価のフレームワーク

3-1　費用便益分析

　ある公共事業を行うのが社会的に望ましいのか、どの規模の事業を実施すればいいのか評価するとき、費用便益分析が最も有力な方法である。費用便益分析では当該事業により生み出される「便益」を貨幣単位で算出し、費用と対比する。

　一見シンプルに見えるフレームワークだが、便益の計測・貨幣価値化にはさまざまな困難を伴う。その詳細は本章の目的ではないので他の先行研究に譲るが[17]、後述するように実務上の便益評価手法としては代替法、直接法、消費者余剰法、CVM（仮想市場法）、ヘドニック法、トラベルコスト法などが考案されており、わが国の公共事業実施官庁が事業分野ごとに作成した評価マニュアルでもこれらの手法が利用されている（図表2-6、図表2-7）一方、費用は、我が国の省庁の費用便益分析マニュアルでは、建設コストと維持管理コストのみを対象としているケースが大部分で、事業による自然破壊（環境負荷）のコストは算定していない。

　貨幣価値として算定された便益と費用は、年度ごとに現在価値に換算され、その大小が比較される。こうした一連の流れをまとめると図表2-8のようになる。

17　大野（2000）等参照のこと。

図表2-6 農林水産省事業に係る費用便益分析マニュアルの概要

事業名	マニュアル等名		費用	便益	評価手法
土地改良事業	土地改良事業における経済効果の測定方法について	昭和60年7月	農地、水利の開発、改良のための投資資金の総額	・農業生産向上効果 ・農業経営向上効果 ・生産基盤保全効果 ・被害軽減効果 ・生活基盤整備効果 ・地域資源保全・向上効果 ・景観保全効果 ・保健休養機能向上効果 ・減少効果 ・その他効果	代替法
	「土地改良事業における経済効果の測定方法について」の一部改正について	平成6年11月			
	経済効果の測定における年効果額等の算定方法及び算定表の様式の制定について	平成6年11月			
農業農村整備事業等					
農村生活環境整備事業	農村生活環境整備の費用便益分析マニュアル(案)	平成13年3月	総事業費(分析対象の工種のみ)	・走行経費削減効果 ・安全性向上効果 ・快適性向上効果 ・品質向上効果 ・環境保全効果 ・景観形成効果 ・農村活性化効果 ・維持管理費節減効果 ・営農経費節減効果 ・災害応急対策施設の確保効果 ・地域特産物に係る研修・学習促進効果	代替法、CVM
農業集落排水事業	農業集落排水事業における費用対効果分析マニュアル(案)改訂版	平成14年3月	公共事業費と受益世帯が行う宅内改造費	・農業被害軽減効果 ・農業用用排水施設保全効果 ・地域資源有効利用効果 ・住宅快適性向上効果 ・農村空間快適性向上効果 ・衛生水準向上効果 ・公共用水域水質保全効果 ・維持管理費節減効果	代替法、CVM
地域用水環境整備事業等	水環境整備の効果算定マニュアル(案)	平成13年4月	総事業費(＝事業費＋関連事業費)	・農業効果 ・地域用水環境整備効果	代替法、CVM
海岸事業	海岸事業の費用対効果分析手法(平成9年度版)	平成10年3月	事業実施に要する費用及び施設の維持管理費用	・浸水防護便益 ・浸食防止便益 ・海岸利用・海岸環境保全便益	
草地開発整備事業	草地開発整備事業計画設計基準	平成11年2月	事業に要する一切の費用	・畜産経営改善効果 ・畜産環境保全便益 ・ふれあい効果 ・定住環境・地域農業改善効果 ・地域経済活性化効果 ・国民経済効果	代替法、CVM
	畜産環境整備事業及び地域活性化関連事業における事業効果の測定について	平成13年5月			
林野公共事業					
治山事業	林野公共事業における事前評価マニュアル	平成15年3月	整備等に要する経費及び維持管理に要する経費について現在価値化した額	・水源涵養便益 ・山地保全便益 ・環境保全便益 ・災害防止便益	代替法
森林整備事業			事業費及び保育・維持管理費について現在価値化した額	・水源涵養便益 ・山地保全便益 ・環境保全便益 ・災害防止便益 ・木材生産便益 ・森林整備経費縮減等便益 ・一般交通便益 ・森林の総合利用便益 ・災害等軽減便益 ・維持管理費等集軽減便益 ・山村環境整備便益 ・その他の便益	代替法

(出典)筆者作成

図表2-7　国土交通省事業に係る費用便益分析マニュアルの概要

事業名	マニュアル等名		費用便益分析		評価手法
			費用	便益	
河川・ダム事業	治水経済調査マニュアル（案）	平成12年5月	・事業費 ・維持管理費	・想定年平均被害軽減期待額 ・水質改善効果等（環境整備事業の場合）	代替法、CVM
砂防事業等	土石流対策事業の費用便益分析マニュアル（案）	平成12年2月	・事業費	・直接被害軽減便益 ・人命保護便益	代替法
	地すべり対策事業の費用便益分析マニュアル（案）	平成12年1月			
	急傾斜地対策事業の費用便益分析マニュアル（案）	平成12年1月			
海岸事業	海岸事業の費用対効果分析手法（平成9年度版）	平成10年3月	・事業費 ・維持管理費	・浸水防護便益 ・浸食防止便益 ・海岸利用 ・海岸環境保全便益	代替法、CVM
道路・街路事業	費用便益分析マニュアル	平成15年8月	・事業費 ・維持管理費	・走行時間短縮便益 ・走行費用減少便益 ・交通事故減少便益	消費者余剰法
土地区画整理事業	土地区画整理事業における費用便益分析マニュアル（案）	平成11年2月	・土地区画整理事業費 ・維持管理費 ・用地費	・宅地地価上昇便益	ヘドニック法
市街地再開発事業	市街地再開発事業の費用対効果分析マニュアル（案）	平成11年3月	・施設整備費 ・用地費 ・維持管理費	・事業区域内の便益 ・事業区域外の便益	ヘドニック法
港湾整備事業	港湾事業の費用対効果分析マニュアル	平成11年5月	・事業費 ・維持管理費	・輸送コストの削減（貨物） ・移動コストの削減（旅客）	消費者余剰法
空港整備事業	空港整備事業の費用対効果分析マニュアル1999	平成11年12月	＜空港の新設、滑走路の新設、延長＞ ・建設費 ・用地費 ・再投資費 ＜精密進入の高カテゴリー化＞ ・施設整備費 ・施設更新費 ・維持管理費	＜空港の新設、滑走路の新設、延長＞ ・時間短縮効果 ・費用低減効果 ・供給者便益 ＜精密進入の高カテゴリー化＞ ・運航改善効果	消費者余剰法
航空路整備事業	航空保安システムの費用対効果分析マニュアル	平成12年3月	・施設整備費 ・施設更新費 ・維持管理費	・飛行経路最適化効果 ・航空路容量増大効果 ・安全性の向上効果 ・費用低減効果	
都市・幹線鉄道・鉄道防災	鉄道プロジェクトの費用対効果分析マニュアル99	平成11年6月	・事業費 ・維持管理費	・利用者便益（時間短縮効果等） ・供給者便益	消費者余剰法
	鉄道プロジェクトの費用対効果分析マニュアル99補足版	平成12年3月			
下水道事業	下水道事業における費用便益分析マニュアル（案）	平成10年3月	・建設費 ・維持管理費 ・改築費	・生活環境の改善効果 ・便所の水洗化効果 ・公共用水域の水質保全効果 ・浸水の防除効果 ・その他の効果	代替法、CVM
都市公園整備事業	大規模公園費用対効果分析手法マニュアル	平成11年12月	・事業費 ・維持管理費	・利用効果	トラベルコスト法、代替法
	小規模公園費用対効果分析手法マニュアル	平成12年12月			

(出典)国土交通省のマニュアルから作成

図表2-8 費用便益分析の流れ

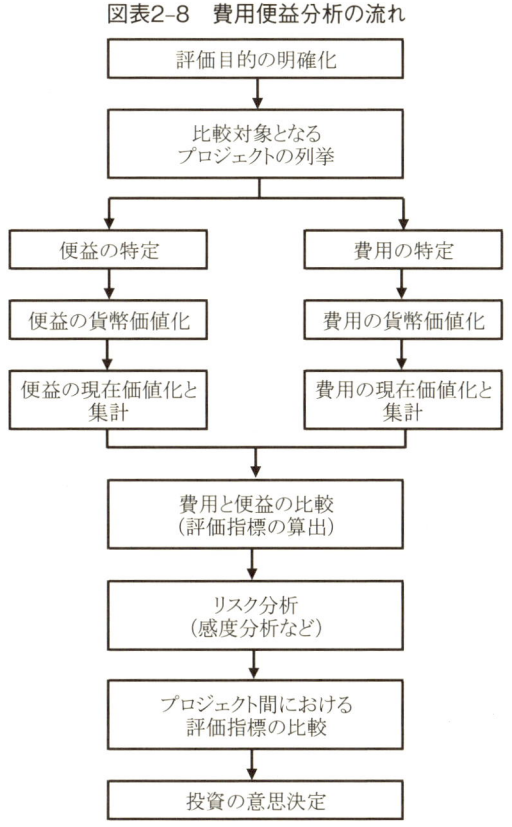

```
評価目的の明確化
    ↓
比較対象となる
プロジェクトの列挙
    ↓
便益の特定      費用の特定
    ↓              ↓
便益の貨幣価値化  費用の貨幣価値化
    ↓              ↓
便益の現在価値化と 費用の現在価値化と
集計              集計
    ↓
費用と便益の比較
(評価指標の算出)
    ↓
リスク分析
(感度分析など)
    ↓
プロジェクト間における
評価指標の比較
    ↓
投資の意思決定
```

(出典)社会基盤投資における便益測定手法に関する調査報告書
平成14年3月 国土交通省国土計画局

3-2 費用便益分析に用いる手法の概要[18]

① 代替法（直接支出法[19]）

評価対象と同様の価値を持つ他の市場財（代替財）で代替して供給した

---

18 以下の記述は農林水産省（2001）『農村生活環境整備の費用便益分析マニュアル（案）』、大野（2000）、旧建設省建設政策研究センター(1997)を参考にした。特に④⑤⑥については大野(2000)に詳しい解説がある。
19 明記されていないが、大野（2000）は代替法を直接支出法と呼んでいると思われる。

場合に必要とされる費用によって評価対象の便益を評価する方法である。費用が事前の防止費用の場合に「防止支出法」、事後の再生費用の場合に「再生費用法」と呼ばれることもある。直感的に理解しやすいが、評価対象を正確に代替しうる市場財がない場合には誤差が大きくなる。

② 直接法

事業の実施の前後（現況／計画）で各々要する経費等を直接貨幣価値に換算し、その比較（差額）により、直接、効果を貨幣換算する方法である。なお、消費者余剰推定法との区別にあいまいさが残る

③ 消費者余剰推定法[20]

便益を享受するに当たり一般化費用（例えば有料道路を利用する際には、通行料以外にガソリン代や時間、疲労といった負担を要する。これら便益を享受するにあたって負担しなければならない費用をまとめて一般化費用と呼ぶ）を要する場合は、需要曲線を推定し、事業実施前と後の消費者余剰の増分を推定することができる。この消費者余剰の増分をもって便益を評価する方法である。

④ トラベルコスト法

環境資源等の非市場財を利用する際に利用者が支出する旅行費用と、そのために費やす時間の機会費用を合わせた費用を求めることによって、その財の価値を評価する方法である。適用範囲は、レクリエーション、景観等に限定される。

⑤ CVM（仮想市場法）

アンケートを用いて環境保全や社会資本に対する支払意思額を住民等に直接質問し、対象物の価値を金額で評価する方法である。

既存のデータによる制約がなく広範な対象への適用が可能で、景観、レクリエーション、生態系など環境の質等を含む非利用価値も評価が可能で

20　旧建設省建設政策研究センター（1997）より抜粋。

あるが、アンケート結果にバイアスが生じて評価結果の信頼性が低くなること、調査コストが大きくなること等の問題がある。

⑥ ヘドニック法

投資便益が土地などの財・サービスの評価額に反映されるというキャピタリゼーション仮説に基づく評価法である。比較的多く用いられているのは、地価関数の推定により事業実施に伴う地価上昇を推計して、社会資本整備による便益を評価する方法である。地域アメニティ、水質汚染、騒音等に適用される。

以上の6手法を含め、便益評価手法を（1）評価対象となる財の性質（市場財－非市場財）、（2）評価ベース（発生ベース－帰着ベース）で分類したのが図表2－9である。図表2－7よりわかるように実際の評価ではこれらの手法がさまざまな対象に用いられているが、各手法の前提条件と利用目的の対応を明らかにしたうえで評価を実施することが肝要であろう。

図表2-9　便益評価手法

		個別計測法（発生ベース）	総合計測法（帰着ベース）
市場財（その社会資本を利用するために費用（時間費用を含む）が必要な財）		●消費者余剰法（CS法）	●応用一般均衡分析（Computable General Equilibrium Analysis:CGE） ●地域計量モデル
非市場財（利用者負担のない財）	表明選好法	●コンジョイント分析 ●旅行費用法（事前評価時）（Travel Cost Method:TCM）	●仮想市場法（Contingent Valuation Method:CVM）
	顕示選好法	●代替法（直接支出法） 　事前：防止支出法 　事後：再生費用法 ●旅行費用法（事後評価時）	●ヘドニック価格法 ●国民所得（指数）アプローチ ●応用一般均衡分析

（出典）大野（2000）、旧建設省建設政策研究センター（1997）を参考に筆者作成。

3-3　現行評価制度の問題点

　1999年の予算策定より利用されるようになった公共事業評価であるが、その中で行われている費用便益分析に対して多くの専門家がさまざまな問題を指摘している（図表2-10）。これらの批判に共通するのは公共事業所管官庁に対する根強い不信感である。例えば、金本（2003）は「当然、事業をやりたい人がマニュアルを作りますから、自分に都合の悪いマニュアルは作りません」「事業担当者は事業をやることで飯を食っていますから、自分に不利なことはおそらくしません」と述べ、費用便益分析が正しく利用されないことを危惧している。また今回の公共事業評価の導入により活発になった環境評価について栗山（2003）は「実施されている費用対効果分析においては、環境評価手法は公共事業を推進するための道具に過ぎず、公共事業をめぐる対立を解消するどころか、逆に新たな対立を生みかねない」と論じている。このように、多くの論者は事業実施主体の判断そのものを基本的に信用していない。故に、彼らの提案には情報公開や外部機関の設置といった所管官庁を監視する制度設計を求めるものが多い。

　またこの不信感を背景とした評価手法そのものに対する批判も多い。例えば旧建設省の道路投資評価マニュアル[21]では休日の車両1台当たりの時

図表2-10　現行の公共事業評価システムに対する批判

		大野他(2001)	金本(2003)	肥田野(1999)	栗山(2003)	吉田(2003)
事業実施機関によるマニュアル作成・評価			○		○	
データ・算出過程の未公開			○	○	○	○
外部の意見表明機会の欠如				○	○	
原単位等のパラメータ設定の根拠不明		○	○			
評価の不確実性に対する説明の欠如				○	○	
評価手法選択の恣意性					○	○
受益者範囲設定の恣意性					○	○
特にCVMについて	環境被害を評価対象に加えていない			○	○	
	代替案との無比較					○
	複数の効果に対するCVMの同時利用			○		

（出典）筆者作成

21　正確には、道路投資の評価に関する指針検討委員会編（1998）『道路投資の評価に関する指針（案）』

間価値原単位が平日の1.5倍に設定されているが、その根拠は不明確である（大野ほか（2001）、金本（2003））。またそもそも算出される費用便益比は本来推定値に過ぎず幅を持つものなので、何らかの形で幅に関する情報も与えるべきだとの批判もある（肥田野（1999）、金本（2003））。さらに、環境評価手法研究者は評価手法や便益計算時の受益範囲の設定を恣意的にコントロールすることにより環境便益の過大評価の危険性を指摘している（栗山（2003）、吉田（2003））。

　これらの環境評価に対する批判はさらに細部にまで及ぶ。例えば図表2-6、図表2-7からもわかるように多くのマニュアルが環境便益を計上する一方、環境被害はほとんど計上されていない（肥田野（1999）、栗山（2003））。また、次節で詳細に見ていくように、さまざまな便益が二重計算されている可能性は非常に大きいといえる（肥田野（1999））。

　以上をまとめると、これらの批判は（1）評価手法や計算過程などの情報公開制度の不備と（2）評価項目や受益範囲の設定に関する恣意性の2点に大別できよう。次節では本章の目的が（1）の問題を独自調査により解決した上で（2）の問題を分析することにあることをかんがみ、特に（2）の視点に注目しながら公共事業を実際に再評価し、これらの問題が現実に存在することを明らかにする。

第4節 『補助申請資料』における費用便益比算出過程の検討

本節では、「美しいむらづくり総合整備事業（小千谷地区）」を構成する6つの事業の中から「塩殿集落道事業」を選択し、経済効果算定の内容を詳細に検討する。ここで「塩殿集落道事業」を選択したのは、（1）大野ほか（2001）、金本（2003）が指摘するように、かなり恣意的なパラメータ設定がなされている、（2）肥田野（1999）が指摘するようにCVMが2度利用されている、（3）栗山（2003）、吉田（2003）が指摘するように受益範囲の設定に疑問が残る、と考えられるためである。以下、これらの点について詳しく説明する。

4－1 「塩殿集落道事業」の概要

本事業は、「農都共生事業」でクラインガルテン等の整備が計画されている塩殿台地の耕作地と塩殿集落との連絡道路の整備事業である。

図表2－11より分かるように、事業前時点において、塩殿集落[22]から事業地まで行くためには県道池ヶ原・塩殿線の約700mと市道塩殿山本山線の約1.3kmを利用するほかない。このうち県道池ヶ原・塩殿線の一部は全幅3.0m、コンクリート舗装幅2.0mと狭隘であり、すれ違い時等に支障をきたしている。計画では、全長250m、全幅5.0m、アスファルト舗装幅4.0mのガードレール（片側）付新道「塩殿集落道」が整備される。この結果、事業前ルート約2kmが650mへと大幅に短縮され、走行速度も区間平均時速20kmから40kmに上昇すると想定される。なお、予定されている事業費は52,800千円である。

---

[22] 厳密には「塩殿ふれあいセンター」

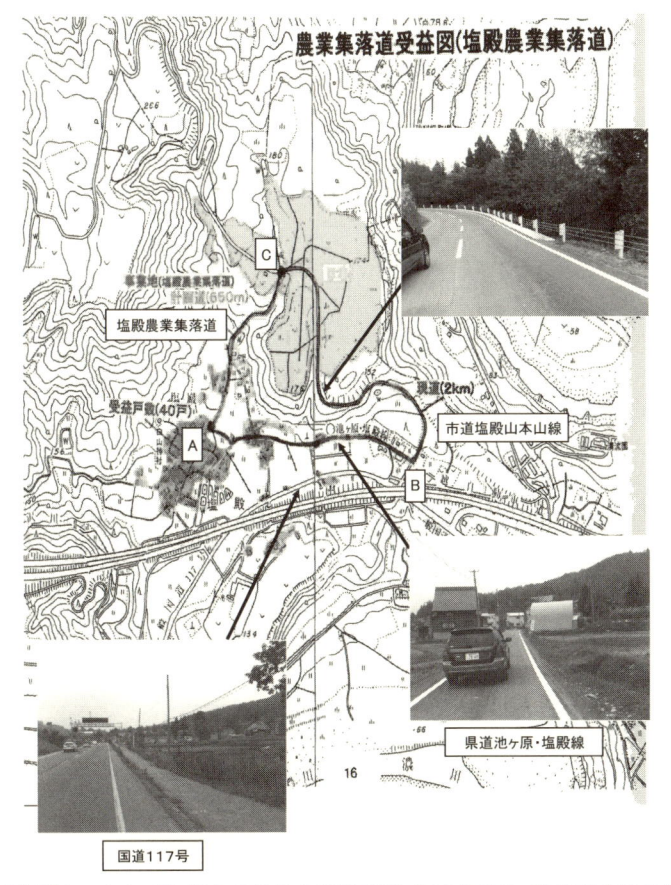

第2章 公共事業評価の再検討　57

図表2-11　塩殿集落道計画図

(出典)『美しいむらづくり総合整備統合補助事業 経済効果』に現地調査結果を加筆

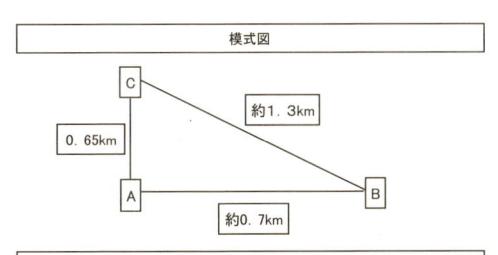

模式図

```
      C
      |\
0.65km| \ 約1.3km
      |  \
      A---B
       約0.7km
```

A－B間は、県道池ヶ原・塩殿線の一部で狭隘な部分がある。
B－C間は、市道塩殿山本山線の一部である。農免道路として整備された。
A－C間は、今回整備、拡幅が予定されている塩殿集落道予定区間である。

4-2 経済効果算定の基本的考え方、投資効率及び年総効果額

『補助申請資料』における「塩殿集落道」の経済効果測定の基本的な考え方は図表2-12a～cの通りである。農業集落道整備がもたらす経済効果として、快適性向上効果、安全性向上効果、営農に係る走行経費削減効果、維持管理費節減効果の4つが想定されている。これらのうち快適性向上効果と安全性向上効果の2つがCVMにより算定されており、肥田野（1999）の批判が当てはまる状況にあることがわかる。

これら4つの効果のうち営農に係る走行経費削減効果は『農村生活環境整備の費用便益マニュアル（案）』に従い、CVMを利用した2つの効果については同マニュアルの『CVMによる評価手法編（以後『CVMマニュアル』）』に従って評価がなされている。以下、まずCVMを利用した2つの効果について4-3節で、残る営農に係る走行経費削減効果について4-4節でその効果額算出方法を説明することにする。

図表2-12a 農業集落道整備(塩殿集落道) 経済効果算定の基本的考え方

1	快適性向上効果	道路が拡幅されることにより従来と比べ車同士や車と歩行者のすれ違いが容易になるなどの日常交通の快適性が向上する効果をCVMにより算定した。
2	安全性向上効果	道路が拡幅されることにより従来と比べ車同士や車と歩行者のすれ違いが容易になるなどの日常交通の安全性が向上する効果をCVMにより算定した。
3	営農に係る走行経費節減効果	本計画により、農作物の輸送や農地への通作にかかる輸送経費・走行経費が節減される効果について算定した。 諸元は下記による。 (1)田　　　　　　　0.8ha(水稲) (2)畑　　　　　　　11.4ha (3)現況、計画単収量　新潟県農地部基準値を引用 (4)生産資材量　　　同上 (5)輸送車両及び通作車両 (6)走行速度　　　現況：現況幅員、路面状況により想定 20km／時 　　　　　　　　計画：設計速度により決定 40km／時 (7)積載率、積卸時間　時間当たり費用等は、農地部基準値を引用して算定した。
4	維持管理費節減効果	道路の改修により軽減される維持管理費(除草、泥上げ等)について算出した。 現況は集落組織が管理しており、計画においても集落組織の管理を想定しているが、当事業によりその負担が軽減される部分を算出した。
5	廃用損失額	旧道の残存する減価償却費を廃用損失として算出した。

第2章 公共事業評価の再検討 59

図表2-12b 投資効率の総括表

区分	算式	数値	備考
総事業費	①	53,328 千円	地方事務費を含む
年総効果額	②	6,492 千円／年	
廃用損失額	③	368 千円	
総合耐用年数	④	30 年	
還元率×(1＋建設利息率)	⑤	0.0589	T=3
妥当投資額	⑥＝②÷⑤－③	110,221 千円	
投資効率	⑦＝⑥÷①	2.06	

図表2-12c 年総効果額の総括表

効果項目	年総効果額	備考
快適性向上効果(CVM)	2,758 千円	
安全性向上効果(CVM)	2,689	
営農に係る走行経費節減効果	1,005	
維持管理費節減効果	40	
計	6,492	
廃用損失額	368	

(出典)『美しいむらづくり総合整備統合補助事業 経済効果』(新潟県小千谷市)

4-3 快適性向上効果・安全性向上効果算出過程の説明

『CVMマニュアル』に従って「塩殿集落道」の快適性向上効果と安全性向上効果を算定するため、小千谷市はアンケート調査を平成15年10月に実施している。アンケート調査の概要は以下のとおりである。

(1) アンケート配布対象世帯

整備予定の「塩殿集落道」を日常的に利用すると想定される全ての世帯をアンケートの対象とし、塩殿：67世帯、卯ノ木：15世帯、細島：19世帯、

坪野：18世帯の計119世帯としている。なお、CVMでは、通常、アンケート対象世帯は受益世帯としてみなされるが、アンケート対象世帯と塩殿集落道との位置関係を図示すると（図表2－13）、すべてのアンケート対象世帯を受益世帯と見なすことに若干の疑問を感じざるを得ない。この点については5－1節でさらに詳しく論じることにする。

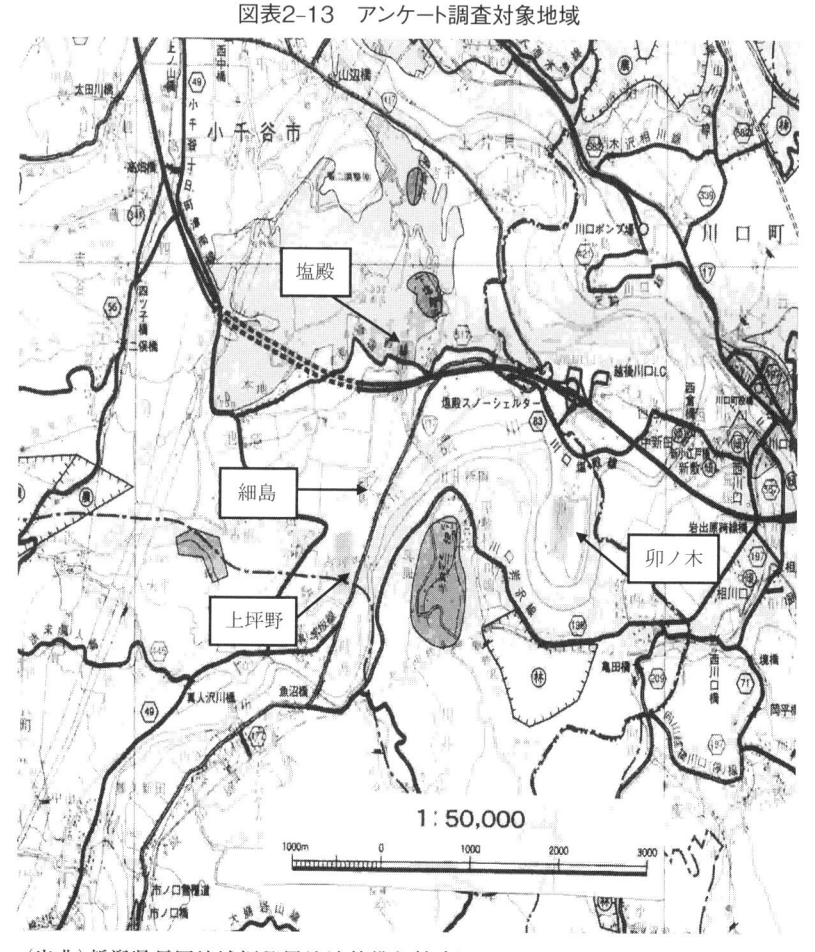

図表2-13　アンケート調査対象地域

(出典)新潟県長岡地域振興局地域整備部管内図

（2） アンケート票の作成
 (a) 質問方式の選択
 『CVMマニュアル』では、支払意思額に関する質問は原則として二段階二肢選択方式を採用することとしている。これは他の方法と比べ質問によるバイアスが少なく、情報を効率よく収集できるためとされる[23]。本事業においても二段階二肢選択方式を用いたアンケートが実施されている。
 (b) CVMの質問とその説明
 一般に二肢選択方式のCVMアンケートでは、事業実施によって発生する便益と費用の両方について説明がなされた上で、「この事業の実施には○○円の負担が必要となります。あなたはこの計画に賛成ですか、反対ですか」といった質問がなされ「はい」か「いいえ」で回答する。本アンケート調査では事業実施による便益として快適性と安全性の2種類の効果が想定されており、それぞれに対し以下のような説明と質問がなされている。[24,25]

---

23 しかし、一段階二肢選択方式と比較すれば初期値バイアスの問題は残る。肥田野（1999）参照。
24 紙幅の都合により掲載しなかったが、この質問に用意されている選択肢は「はい」「いいえ」の2つのみである。
25 実際には質問中の金額部分を変えた1,000円、2,000円、4,000円、6,000円、8,000円の5通りのアンケート票が利用された。

●問3：別紙のような道路を整備すると、次のような効果が期待できます。

☆日常生活の「快適性」が向上します
・集落から農地までの交通の便が格段に良くなります。
・道路の幅が広くなり、通行にゆとりをもてるようになります。

　ところが、小千谷市は財政状況が厳しいため、このままでは道路の整備ができないとします。道路を整備して快適性を向上させるために、1世帯あたり月額1,000円の金額を負担（40年間継続）すれば、道路の整備が可能になると仮定します。
　あなたの世帯は、計画に賛成し、この金額を負担してもよいと思われますか。あてはまるものを1つ選び番号に○をつけてください。尚、実際にお支払いただくことは決してありません。

●問8：さて、この道路の整備には、さらに次のような効果も期待できます。

☆日常生活の「安全性」が向上します
・道路の幅が広くなり、安心してすれ違いができるようになります。
・ガードレールの設置により、万一の事故の際にも道路から転落することがなくなります。

　ところが、小千谷市は財政状況が厳しいため、このままでは道路の整備ができないとします。道路を整備して快適性を向上させるために、1世帯あたり月額1,000円の金額を負担（40年間継続）すれば、道路の整備が可能になると仮定します。
　あなたの世帯は、計画に賛成し、この金額を負担してもよいと思われますか。あてはまるものを1つ選び番号に○をつけてください。尚、実際にお支払いただくことは決してありません。

なお、この事業により発生する費用負担以外のデメリット（環境悪化等）についての記載はなく、回答者の判断にバイアスがかかっている可能性は否定できない。

　繰り返し述べているように、この質問票での最大の問題は一つのアンケートで快適性と安全性の２つの効果を連続して尋ねていることである。この点については、後の５－１節で詳しく論ずることにする。

（３）　アンケート票の整理と集計

　平成15年10月３日にアンケートを各戸配布した後、同14日に説明会が開催され、その会場で記入、回収された。なお説明会には小千谷市職員およびコンサルティング会社社員が同席した。その詳細は、図表２－14、図表２－15のとおりである。

　なお図表２－14、図表２－15では、配布数は118であり、小千谷市資料の119と食い違う。しかし、『補助申請資料』での評価は118戸ベースであるため、以後、配布数は118として分析を進めることにする。

図表2-14　アンケート票回収状況取りまとめ票(快適性向上効果)

項目	名称・数など
都道府県・市町村名	新潟県小千谷市
地区名	小千谷地区
集落名	塩殿集落
対象工種・施設名	農業集落道　塩殿集落道
受益世帯数	118世帯
配布日	平成15年10月3日
回収日	平成15年10月14日
配布数	118票
回収数	114票
うち白紙回答	6票
うち有効回答	108票
回収率	96.6%
有効回答	91.5%

図表2-15　アンケート票回収状況取りまとめ票(安全性向上効果)

項目	名称・数など
都道府県・市町村名	新潟県小千谷市
地区名	小千谷地区
集落名	塩殿集落
対象工種・施設名	農業集落道　塩殿集落道
受益世帯数	118世帯
配布日	平成15年10月3日
回収日	平成15年10月14日
配布数	118票
回収数	114票
うち白紙回答	5票
うち有効回答	109票
回収率	96.6%
有効回答	92.4%

(出典)『美しいむらづくり総合整備統合補助事業 経済効果』
　　　(新潟県小千谷市)

（4）世帯当たり支払意志額の推定
　（a）支払意志額の推定方法
　二段階二肢選択方式アンケートにおける支払意思額の推定方法には、パラメトリックモデルとノンパラメトリックモデルを利用した方法があるが、本事業では『CVMマニュアル』に従い、ノンパラメトリックモデルを利用した推定方法を利用している。
　（b）無回答、不正回答、抵抗回答など取り扱い
　『CVMマニュアル』では、無回答、不正回答、辞書的回答、抵抗回答が含まれる回答はそれぞれの効果ごとに評価対象から除くとされている。ここでは、抵抗回答は以下の質問で回答が「3」「4」であったものと定義されている。

●問12：問10で「いいえ」と答えた方におたずねします。「いいえ」と答えた理由について、あてはまるものを1つ選び番号に○をつけてください。この質問で最後です。

　1　この計画はよいと思うが、提示された金額は高すぎる
　2　現状では特に道路整備の必要がない
　3　道路整備は税金で行うべきであり、各世帯で負担する必要はない
　4　よくわからない

以上の結果、快適性向上効果アンケート有効回答108票のうち76票が、安全性向上効果アンケート有効回答109票のうち79票が抵抗回答となっている。
　（c）快適性向上効果・安全性向上効果評価額の算出
　補助申請資料によれば、以上の手続きより快適性向上効果・安全性向上効果の1世帯・一月あたりの支払意思額を求めると、それぞれ1,948円、1,899円となる。この値に受益戸数（戸）を乗じ、さらに12倍することにより年

効果額が算出される。

(快適性向上効果)
世帯当たり年間額 =　　1,948円　　×　　12カ月　　=　　23,376円
年効果額 =　　23,376円　　×　　118世帯　　=　　2,758千円
(安全性向上効果)
世帯当たり年間額 =　　1,899円　　×　　12カ月　　=　　22,784円
年効果額 =　　22,784円　　×　　118世帯　　=　　2,689千円

4-4　営農に係る走行経費削減効果算定過程の説明

　4-2節でも述べたように、営農に係る走行経費削減効果は、平成13年3月に農林水産省事業計画課が提示した『農村生活環境整備の費用便益マニュアル（案）』に従って算定されている。以下、塩殿集落道の走行経費削減効果の算定過程を補助申請資料とこのマニュアルに沿って説明する。

（1）　営農に係る走行経費削減効果の定義と考え方
　農業集落道の新設及び改良は、地点間を結ぶ道路延長の短縮や、道路の幅員、勾配、カーブ、舗装等の改良等による走行速度、車種変更を通じて、燃料、タイヤその他の車両修理費、償却費、人件費等の削減をもたらす。このような、走行費用経費削減効果のうち農産物の生産と流通に係る部分を「営農に係る走行費用削減効果」と定義する。実際の計算では、1年当たりの本効果が、整備前と整備後の走行経費の差額として算定される。また、この効果は以下の2種類の合計として扱われる。

　①　農業輸送
　受益区域内の農作物の輸送を目的とする走行を農業輸送と呼ぶ。農業輸

送に関する効果は以下の手続きにより算定される。まず、受益区域内の農業生産物（水稲、アスパラガス、スイカ等）、農業資材等の数量を把握し、計画農業集落道により農業関係の輸送が予定される計画数量を算定する。この上で、現況及び計画の路線配置、農業用施設配置及び道路幅員等を勘案しながら、現況、計画別の輸送距離、輸送走行速度、輸送手段を求め、走行経費削減額を算定する。

② 通作交通

作物の輸送を伴わずに計画農業集落道を経由して農家とほ場の間を走行することを通作交通と呼ぶ。通作交通に関する効果は、年間通作回数、現況及び計画の走行距離、走行速度を求め、走行経費削減額を算定することにより求められる。

(2) 塩殿農業集落道に係る走行経費削減効果の算定

4－1節で説明したように本事業では、塩殿集落－事業地間が約2kmから650mへと大幅に短縮され、走行速度も区間平均時速20kmから40kmに上昇すると想定されている。以下、『補助申請資料』における「塩殿集落道」に係る走行経費削減効果額の算定方法を具体的に述べる。

図表2－16では、農業輸送に係る延べ台数と稼働時間を求めている。農場で生産される水稲、アスパラ等の輸送量を1台当たりの積載量で除して年間の延べ台数を求め、これに輸送距離を走行速度で除した走行時間を乗ずると年間の稼働時間が求められる。計画では、105.10時間から17.08時間へと大幅に稼働時間が縮小される。

図表2－17では、通作に係る及び通作に係る延べ台数と稼働時間を算定している。年間の農家一戸当たりの農場への通作回数に受益戸数を乗じ、年間の延べ台数を求め、これに通作距離を走行速度で除した走行時間を乗ずると年間の稼働時間がもとめられる。計画では、稲作と畑作合計で493.6時間から80.2時間と稼働時間が大幅に短縮される。

図表2-18では営農に係る経費削減効果の総括をおこない走行経費の総額を求めている。車両の稼働時間に時間当たりの経費を乗じて車両走行経費を求め、積み卸し時間と走行時間を加えた総労働時間に時間当たり費用を乗じて総労働評価額を求めている。車両走行経費と総労働評価額の和が走行経費である。事業前の走行経費1,578千円から完成後の568千円を除した1,005千円が営農に係る走行経費削減効果の年総効果額となる。なお、理由は定かではないが、この資料では計画実施後の通作に係る人件費80.2時間×1,470円＝約118万が全く計上されておらず、この分だけ経済効果が過大推計されている。この点については次節で検討する。

図表2-16　農業輸送に係る台数と稼働時間の算定

	年間輸送量(t)①	1台当たり積載量(t)②	延べ台数(台)③＝①/②×2　注	輸送距離(km)④	走行速度(km/時)⑤	稼働時間(時)③×④/⑤
現況	147.9	0.252〜0.308	1,051	2.00	20	105.10
計画	148.9	0.252〜0.309	1,052	0.65	40	17.08

注：原算定表では、水稲、アスパラガス、生産資材など種類別の輸送量と1台当たりの積載量から種類別の台数を計算し、合計している。本表では、合計のみ記載した。
(出典)『美しいむらづくり総合整備統合補助事業 経済効果』(新潟県小千谷市)

図表2-17　通作交通の稼働時間

		戸当り回数(回)①	受益戸数(戸)②	延べ台数(台)③＝①×②×2	通作距離(km)④	走行速度(km/時)⑤	稼働時間(時)⑥＝③×④÷⑤
稲作	現況	167	1	334	2.00	20	33.4
	計画	167	1	334	0.65	40	5.4
畑作	現況	177	13	4602	2.00	20	460.2
	計画	177	13	4602	0.65	40	74.8
小計	現況			4936			493.6
	計画			4936			80.2

(出典)『美しいむらづくり総合整備統合補助事業 経済効果』(新潟県小千谷市)
　　　を一部省略した。

図表2-18 営農に係る走行経費削減効果の総括

		諸元		車両走行経費		人件費						走行経費
						積卸時間	走行所要時間					
		延台数(台)①	稼働時間(時)②	時間当経費(円)③	経費(千円)④=②×③	総時間(時)⑦	組人員(人)⑧	総時間(時)⑨=②×⑧	総労働時間(時)⑩=⑦+⑨	時間当り費用(円)⑪	総労働評価額(千円)⑫=⑩×⑪	効果額(千円)⑬=④+⑫
現況	輸送	1,051	105.1	351	37	328.4	1	105.1	433.5	1,470	637	674
	通作	4,936	493.6	351	173		1	493.6	493.6	1,470	726	899
	計	5,987	598.7		210	328		598.7	927.1		1,363	1,573
計画	輸送	1,051	17.1	616	11	328.4	1	17.1	345.5	1,470	508	519
	通作	4,936	80.2	616	49		1	80.2	80.2	1,470	＊	49
	計	5,987	97.3		60	328		97.3	425.7		508	568
削減額			501.4		150			501.4	501.4		855	1,005

(出典)『美しいむらづくり総合整備統合補助事業 経済効果』(新潟県小千谷市)
注：＊は値が未記入

第5節　評価方法の問題点と再評価

　4節では小千谷市が補助申請時に行った塩殿集落道の評価を、（1）CVMによって測定された快適性向上と安全性向上の2つの効果と、（2）営農に係る走行経費削減効果に分けて説明した。本節ではそれぞれについて評価方法の問題点をまとめ、再評価を実施する。

5－1　CVMを用いた快適性向上効果と安全性向上効果測定に関する問題点

　3－3節の内容をかんがみると4－3節で説明したCVMによる便益評価には、少なくとも以下の3つの問題点が存在する。

① 便益の二重計算の可能性（肥田野（1999）の指摘）
　3節にまとめたように、CVMを利用した便益測定の際によく批判されるのが二重計算の可能性である。本事例においても、快適性と安全性の2種類が同時に実施されていた。

② 受益範囲の操作可能性（栗山（2003）、吉田（2003）の指摘）
　平成17年11月5日に現地を調査したところ、卯ノ木集落は対象の農業集落道から約2km離れており、塩殿台地へは、狭隘な塩殿集落内を迂回し、県道川口塩殿線、市道塩殿山本山線経由で行くのが通常と考えられた。同様に細島、坪野の集落も国道117号に沿って点在しており、国道117号、市道塩殿山本山線経由で通行することが想定された（図表2－13参照）。

　以上のことから、対象の農業集落道を日常的に利用すると想定されるのは、塩殿集落の67世帯と考えられ、118世帯は、塩殿集落道を日常的に利用する数として過大な可能性が考えられた。

③　支払意思額の推計における抵抗回答の取り扱い

　肥田野（1999）などのCVMに関する一般的な解説書では支払意思額を推計する際に抵抗回答は除外することを勧めている。これは抵抗回答が経済学の理論を前提とした効用評価に基づいていないと判断されるためである。

　『補助申請資料』には、快適性向上効果及び安全性向上効果の１世帯・１月あたりの支払意思額算出において抵抗回答をどのように扱ったかの記載はない。そこで新潟県庁農村環境課に確認したところ『水環境整備の効果算定マニュアル（案）』（農林水産省構造改善局計画部事業計画課）に含まれるCVM算出プログラムを利用したとの回答を得た。そこでこれを用いて、抵抗回答を含めた場合と含まない場合で独自に再計算したところ、抵抗回答76票を含めた108票による再計算結果：1,949円が補助申請資料における値：1,948円とほぼ一致した。よって、この便益測定には抵抗回答が含まれていると判断せざるを得ず、評価結果には経済学的な裏づけのない、ad hocな数値と断ぜざるを得ない[26]。

　また本調査では、抵抗回答が70％を超えており、異常な状態といえる。これは調査に対する住民の理解不足の表れと考えられる。

５－２　営農に係る走行経費削減効果の測定上の問題点

　次に営農に係る走行経費削減効果の測定上の問題点を考える。現地調査の結果、塩殿集落内の道路は、狭隘ですれ違いに支障があることが確認された。特に県道池ヶ原・塩殿線（図表２－11：Ａ－Ｂ間）は、アスファルト舗装であるが幅員が狭く、すれ違いに支障がある場所も見られた。しかし、市道塩殿山本山線（農免道路）（図表２－11：Ｂ－Ｃ間）は２車線アスファルト舗装、ガードロープ付きの道路であり、塩殿集落道が整備された

26　この計算ミスが事業評価担当者の恣意的な判断によるものなのか、評価手法の理解不足によるものなのかはわからない。

場合でも、塩殿集落以外の集落の住民には、狭隘な塩殿集落内の道路ではなくこのルートを利用する方が、（距離的には遠回りになるものの）自動車による通作、農作物の輸送には利便性が高いと思われた。

以上より4－4節で説明した走行経費削減効果算出に関する問題点は以下の3点である。

① 利用するパラメータの妥当性（大野ほか（2001）、金本（2003）の指摘）
　農免道路として整備された市道塩殿山本山線は、2車線ガードレール完備の幅員の十分な道路である。よって、計画されている塩殿集落道と同等の規格と想定し、この間約1.3kmは、走行速度40km/時（『補助申請資料』では20km）として計算することが妥当と考えられる。
② 受益範囲の操作可能性（栗山（2003）、吉田（2003）の指摘）
　本事業の効果は、塩殿集落の住民及び塩殿集落から耕作地の塩殿台地へ通作している人に対しては大きいものの、周辺集落住民に対する効果は少ないものと思われる。よって受益世帯数は塩殿集落の67世帯に限定すべきである。
③ ミスの修正
　前節で指摘した、図表2－18で不記載だった計画完成後の通作に係る人件費を計上する。

5－3　再評価の実施

以上の問題点を踏まえた上で、以下の手順により本事業の再評価を実施した。

（1）快適性向上効果・安全性向上効果の再評価
　肥田野（1999）に倣い、2つの効果のうち快適性向上効果のみを評価対

象とした。ここで安全性ではなく快適性を採用したのは、快適性評価額が安全性のそれを上回っているためである（図表2－3）。次に、1世帯あたりの支払意思額の推計には、快適性向上効果の有効回答108世帯から抵抗回答を除いた32世帯の支払意思額を『水環境整備の効果算定マニュアル（案）』（農林水産省構造改善局計画部事業計画課）に含まれるCVM算出プログラムにより再計算した。その結果1世帯・一月あたり支払意思額は6,095円と算出された。また抵抗回答世帯はこの事業に対する負担に賛成していないことから年効果額の受益世帯から除外した。

この結果、CVMによって評価される本事業の快適性・安全性は以下のように算出された。

（快適性・安全性向上効果）
世帯当たり年間額＝　　6,095円　×　　12カ月　＝　　73,140円
年効果額＝　　　　　　73,140円　×　　32世帯　＝　　2,340千円

（2）営農に係る走行経費削減効果の再評価

事業前評価（図表2－16）における走行速度40kmをより現況に近いものとするため、30km/時として再計算した。この30km/時は1.3kmを40km/時で、残りの0.7kmを20km/時で走行した場合の平均時速、29.627km/時を単純化したものである。また事業前評価（図表2－16）で無視されていた計画後の通作に係る人件費も計上した。

この結果、事業が実施されない場合の農業輸送に関わる稼働時間が1年当たり105.1時間から70.07時間へ（図表2－19）、通作交通に関わる稼働時間が1年当たり493.6時間から329.1時間へ（図表2－20）へ短縮され、事業実施による走行経費削減額は1,005千円から576千円へとほぼ半減された（図表2－21）。

図表2-19 農業輸送に係る台数と稼働時間の算定(図表2-16を再計算)

	年間輸送量(t)①	1台当たり積載量(t)②	延べ台数(台)③=①/②×2 注	輸送距離(km)④	走行速度(km/時)⑤	稼働時間(時)③×④/⑤
現況	147.9	0.252〜0.308	1,051	2.00	20	105.10
現況の修正			1,051	2.00	**30**	**70.07**
計画	147.9	0.252〜0.308	1,051	0.65	40	17.08

図表2-20 通作交通の稼働時間(図表2-17を再計算)

		戸当り回数(回)①	受益戸数(戸)②	延べ台数(台)③=①×②×2	通作距離(km)④	走行速度(km/時)⑤	稼働時間(時)⑥=③×④÷⑤
稲作	現況	167	1	334	2.00	20	33.4
	現況の修正	167	1	334	2.00	**30**	**22.3**
	計画	167	1	334	0.65	40	5.4
畑作	現況	177	13	4602	2.00	20	460.2
	現況の修正	177	13	4602	2.00	**30**	**306.8**
	計画	177	13	4602	0.65	40	74.8
小計	現況			4936			493.6
	現況の修正			4936			**329.1**
	計画			4936			80.2

図表2-21 営農に係る走行経費削減効果の総括(図表2-18を再計算)

		諸元		車両走行経費		人件費						走行経費
		延台数(台)①	稼働時間(時)②	時間当経費(円)③	経費(千円)④=②×③	積卸時間(時)⑦	組人員(人)⑧	走行所要時間 総時間(時)⑨=②×⑧	総労働時間(時)⑩=⑦+⑨	時間当り費用(円)⑪	総労働評価額(千円)⑫=⑩×⑪	効果額(千円)⑬=④+⑫
現況	輸送	1051	105.1	351	37	328.4	1	105.1	433.5	1,470	637	674
	輸送の修正		**70.1**	483	34	328.4		**70.1**	398.5	1,470	**586**	
	通作	4936	493.6	351	173			493.6	493.6	1,470	726	899
	通作の修正		**329.1**	483	159			**329.1**	329.1	1,470	**484**	
	計	5987	598.7	351	210			598.7	927.0		1,363	1,573
	計修正		**399.1**		193			**399.1**	727.6		**1,070**	**1,262**
計画	輸送	1051	17.1	616	11	328.4	1	17.1	345.5	1,470	508	519
	通作	4936	80.2	616	49		1	80.2	80.2	1,470	118*	167
	計	5987	97.3	616	60	328		97.3	425.7		508	568
	計修正				60				626		**686**	
	削減額		501.4		150			501.4	501.4		855	1,005
	修正削減額		**301.8**		133			**301.9**	301.9		**444**	**576**

1 現況の輸送に係る稼働時間及び通作に係る稼働時間(太字部分)を修正し、再計算を行った。
2 計画の通作に係る総労働評価額(太字*付き)は、加筆し、再計算を行った。

(3) 再評価結果

　以上の再評価結果をまとめると、快適性向上効果と安全性向上効果の再評価額（年）は2,340千円、営農に係る走行経費削減効果の再評価額（年）は576千円となる。この結果を用いて「塩殿集落道」の費用便益比を再計算すると（図表2－22）、年総効果額③＝2,956千円、妥当投資額⑧＝49,819千円、総事業費①＝53,328千円となった。よって、補助申請資料では2.06であった費用便益比は49,819/53,328=0.93と1を下回ることとなり、この事業は経済学的に非効率であると再評価された。

図表2-22 塩殿集落道の投資効率（図表2-5を再計算）

| 地区名 | 新潟県小千谷 |

(単位:千円)

投資効率及び所得還元率			農業集落道	再計算
総事業費		①	53,328	53,328
	うち関連事業費			
うち本事業費	当該事業費		52,800	52,800
	(うち重複分)			
	地方事務費		528	528
年償還額		②		
年総効果額		③	6,492	**2,956**
年総増加所得額		④		
廃用損失額		⑤	368	368
総合耐用年数		⑥	30	30
還元率×(1+建設利息率)		⑦	0.0589（T=3）	0.0589（T=3）
妥当投資額		⑧=③÷⑦-⑤	110,221	**49,819**
投資効率		⑨=⑧÷①	2.06	**0.93**
所得償還率		⑩=②÷④×100		
事業所得指数		⑪=④÷①×1000		
基準指数		⑫		

年効果額および年増加所得額の内訳			
目次	作物生産効果		
	品質向上効果		
	小計		
農業経営向上	農業経費節減効果		
	維持管理費節減効果	40	40
	営農に係る走行経費節減効果	1,005	**576**
	小計	1,045	**616**
生産基盤保全	更新効果		
	災害防止効果		
	小計		
生活環境整備	一般交通等経費節減効果		
	環境保全効果		
	農村活性化効果(CVM)		
	快適性向上効果(CVM)	2,758	**2,340**
	安全性向上効果(CVM)	2,689	0
	景観形成効果(CVM)		
	災害応急対策施設の確保効果		
	類似施設利用経費節減効果		
	農作業効率化効果		
	災害時の避難地確保効果		
	小計	5,447	**2,340**
その他	地域活性化効果		
計		6,492	**2,956**

(出展)『美しいむらづくり総合整備統合補助事業 経済効果』(新潟県小千谷市)
注：太字部分が新たに再計算を行った部分

第6節　結論

　本章では新潟県小千谷市で実施された農林水産省の「美しいむらづくり総合整備事業（小千谷地区）」を構成する6つの事業の中から塩殿集落道事業の費用便益分析結果を、独自に新潟県庁から入手した小千谷市の補助申請資料により詳細に検討した。その結果、明らかになった問題は、以下の3点にまとめられる。

　第1に評価に用いるパラメータが恣意的に設定されていた点が挙げられる。例えば、走行経費削減効果の算定では、費用便益分析で使用した事業前の走行速度が筆者による実地調査に比べ大幅に低く設定されていた。第2に便益の二重評価が挙げられる。補助申請時の小千谷市の資料によれば、本事業のCVM評価では快適性と安全性の両方が一つのアンケートで質問されており、これは肥田野（1999）の指摘する便益のダブルカウントに他ならない。また抵抗回答の取り扱いにも問題が発見される等、CVM分析の取り扱いの杜撰（ずさん）さが目立った。第3に効果測定の際の受益者の範囲も過大である点が挙げられる。筆者による実地調査によれば、受益世帯数は補助申請時資料の118世帯より大幅に少ない67世帯が妥当であると思われる。

　以上3点を調整して、塩殿集落道事業を再評価すると小千谷市の『美しいむらづくり総合整備統合補助事業　経済効果』では2.06であった投資効率（費用便益比）は0.93に低下した。費用便益比は推定値に過ぎず、この値が真の費用便益比であると断言することはできないが、本事業を経済学的に妥当と評価すべきではないだろう。

　本章における検討結果は、先行研究で指摘されてきた費用便益分析における数々の問題が現実に存在し、公共事業の便益が過大評価されている実情を示すものといえる。また本章で見てきたように、これらの理論的に問題のある計算工程は農林水産省の作成したマニュアルにビルトインされている。多くの論者が主張するように、情報公開や外部評価機関の設置は必

須の政策といえよう。

　最後に残された課題をまとめておく。第1に、現在の公共事業評価手法の問題を明らかにするためにはより多くの事例研究が必要である。公共事業評価は対象別にマニュアルが作成されているが、本章で見たようにそのマニュアル自体に問題が含まれており、今後一つ一つについて詳細に検討する必要がある。第2に、ここではCVMと直接法がもつ評価上の問題点を指摘したのみであり、他の手法の検討が必要である。たとえば塩殿クラインガルテン等の集落農園整備事業に係る地域活性化効果は、本章では触れることの出来なかった「トラベルコスト法」により推計されている。

　今後更なる研究が必要であるといえよう。

参考文献

大野栄治（2000）『環境経済評価の実務』勁草書房.

大野泰資・久野新・柴田愛子・長峯純一（2001）「道路投資の費用便益分析－西宮北有料道路のケーススタディー」長峯純一・片山泰輔編著『公共投資と道路政策』勁草書房，第11章.

亀田啓悟（2004）「プロジェクトの業績評価－CVMによる『新潟スタジアムビッグスワン』の費用便益分析－」井堀利宏編著『公共部門の業績評価』東京大学出版会，第7章.

金本良嗣（2003）「日本における公共事業評価の現状と課題」『季刊行政管理研究』（2003. 9. No.103）.

旧建設省建設政策研究センター（1997）「社会資本整備の評価等に関する研究」PRC Note No.14（http://www.mlit.go.jp/pri/houkoku/gaiyou/H09_1.html）.

栗山浩一（2003）「公共事業と環境評価－費用対効果分析における環境評価の役割－」環境経済・政策学会編『公共事業と環境保全』東洋経

済新報社.

佐藤良一（2006）「公共事業の現状と課題－農業農村整備事業におけるCVM等を使った費用便益分析の事例検討－」新潟大学大学院経済学研究科修士学位論文，2006年度環境経済・政策学会報告論文.

肥田野登（1999）『環境と行政の経済評価：CVM（仮想市場法）マニュアル』勁草書房.

吉田謙太郎（2003）「政策評価における環境評価利用の現状と課題」環境経済・政策学会編『公共事業と環境保全』東洋経済新報社.

第3章　社会福祉事業における
　　　　NPO法人の課題と展望
— 介護保険制度下における認知症グループホーム運営からの考察 —[1]

片野　勉

第1節　はじめに

1－1　研究の目的

　急速な高齢化の進展は、わが国にとって、もっとも大きな課題の一つである。

　高齢者の介護需要の増大は、従来は短期的なものであった高齢者の寝たきり期間が、医療サービスの高度化によって、長期化したことによる面が大きい。また認知症高齢者の介護需要も急速な高齢化により増加している。この寝たきりと認知症の介護需要の増加による介護サービスの供給の確保が重要な課題となっているが、在宅の要介護者やその家族への支援として、地域密着型のサービスが求められている。

　本格的な高齢化社会の下で、公共部門主体の数量ベースでは十分に確保することは困難である。基礎的な介護サービスの供給を確保するための対策の一つとして、2000年には介護保険制度が施行されるとともに、規制緩和により、居宅介護サービス市場に新たにサービス供給主体として営利法人やNPO法人などが参入し、介護サービス供給主体の多元化の時代に入った。

　介護サービス供給主体の多元化によって、介護サービス市場は拡充する

1　本章は、片野（2006）を修正加筆したものである。

が、介護サービス供給主体にとっては、市場原理による競争が激しくなる。一方、要介護者にとっては、選択範囲が広がるとともに、競争によってサービスの質の向上が期待でき、顧客（利用者）満足度を高めることが可能となる。

　高齢者の介護需要の増加に伴って、地域福祉の担い手としてNPO法人が台頭してきており、サービス提供者としてNPO法人の果たす役割と期待が大きくなってきている。しかし、新規参入の営利法人などに比べると、組織も零細で財政基盤も脆弱である。また、同じ非営利組織である社会福祉法人に比べ、補助金や税制面の優遇措置でも不利な状況におかれている。そのような条件の下で、介護サービス市場において、NPO法人は今後とも事業を継続的に維持していくことが可能であるのか。そこを探ることが本章の目的である。

　本章では、介護保険制度のサービス供給主体である社会福祉法人とNPO法人が事業展開を行っている居宅介護サービスのうち、認知症対応型共同生活介護事業（認知症グループホーム[2]という）について、経営の観点から実証分析を試みる。

1-2　本章の問題意識と課題の整理

　全ての開設（経営）主体を対象にした全国の認知症グループホーム数は、2004年介護サービス施設・事業所調査結果速報（厚生労働省発表）によれば、介護保険が始まった2000年9月末の675カ所から、2004年9月末で5,436カ所に達し、4年間で約8倍と急増している。なかでも、NPO法人の参入は増加傾向にある。増加の要因は、NPO法人の認証までの期間が短い

---

[2]　介護保険法に基づいて設置される認知症要介護者の介護付共同生活施設のことであり、法上の正式名称は認知症対応型共同生活介護である。本章では一般に使われている「認知症グループホーム」とする。

ことや、厚生労働省「平成14年介護事業経営実態調査結果」から、他の居宅介護サービス事業よりも利益が確保しやすいことを背景に増えているといえる。

近年、認知症グループホームの急増に伴い、激しい競合・競争が起こり、安定的経営を脅かし、決して利益が確保しやすいとはいえない。特に、NPO法人の場合は、社会福祉法人に比べ、財政基盤が脆弱であり、税制上の優遇措置が適用されないことが経営に影響しているといわれている。

本章では、今のところ先行研究にも例がないと思われる新潟県内の認知症グループホームを開設している社会福祉法人とNPO法人の財務データ（決算書）をもとに、財務分析とその比較を行っている。

利用者数の推移では、超高齢化を背景に認知症高齢者が増加していることから、需要面からは問題ないと考える。しかし、NPO法人の資金調達や組織自体に、不安や問題を抱えているなかで、どんな経営が行われているのか。現在の体制で、今後とも安定的な経営が維持できるのか。この問題については、県内のNPO法人が開設している認知症グループホームを対象にアンケートと現地調査[3]を行い、その集計結果をもとにNPO法人の実態と課題について検証を行った。

本章では、第2節において、社会福祉事業へのNPO法人参入の意義について先行研究を踏まえ、考察する。第3節では、県内の認知症グループホームの財務分析を行い、NPO法人の経営は可能か、今後安定した経営を行うにはどうすべきか、最後に社会福祉法人との経営の比較について論じている。第4節では、認知症グループホームを経営しているNPO法人へのアンケートと現地調査の結果をもとに、社会福祉事業におけるNPO法人の課題と展望について論じる。

---

[3] 片野（2006）、pp.270－287。

第2節　介護保険サービス事業へのNPO法人参入の意義と役割

　介護保険制度では、営利と非営利を問わず、一定の設置基準を満たせば指定事業者になることができる。ボランティア団体でもこの条件さえ満たせば、NPO法人として、民間企業と同様に介護保険のサービス事業者として参入できるようになった。
　すなわち、これまでの制度において市民はサービスを受ける側にまわっていたが、このシステムの導入により、市民がサービスの提供側に参画できるようになったことである。この変革の意義は大きい。
　このように、NPO法人も介護保険サービス事業者として参入できることになったが、介護保険制度の枠内で提供されるサービスだけを見ても、法人格の種別による違いを見出しにくい。NPO法人が提供するサービスと社会福祉法人や新規に参入した民間企業が提供するサービスとどこが違うのか、どこにNPOの独自性があるのか。介護保険制度下の事業者としての存在意義あるいは役割とは何かについて探求する。
　介護保険制度下のNPO法人の存在意義は、介護保険制度内のサービスのみにとどまらず、利用者（当事者）の立場に立って、制度の枠外の独自サービス活動を行うところにある。採算が取れないサービスであっても、地域のニーズに応えるために、地域で助け合い活動をすることによって、自らのミッションを達成することである。
　制度の狭間にいる要介護者を支援していくことを地域の人々は求めており、NPOはその支援の担い手として、その役割を果たすところに存在意義があるといえる。
　しかし、問題点もある。介護保険制度の発足に伴って、介護サービス事業は介護ビジネスへ拡大した。これによりNPO法人もサービス提供の担い手として年々増加することは良いが、このような団体は介護保険事業しか行わない場合が多いので、実質的には営利企業と何ら変わらないという

指摘や批判もある[4]。

　介護ビジネス市場において、NPO法人も含めた多様な民間の参入促進を講じていくならば、民法34条法人や社会福祉法人等との制度間の不整合や不平等の問題、税制支援制度の未成熟などの問題や課題を解消していく配慮が必要である。

　介護ビジネスに参入しているNPO法人が今後とも介護ビジネス市場で事業を展開していくならば、介護系NPOの事業展開の企業戦略をベースに活動していくべきである。NPOサイドからいえば、NPOのミッションを達成するためには自治体は最も身近にいるパートナーである。したがって、今後は自主性・自立性を確保したうえで、自治体との協働の場を広げ、ミッションを効果的に達成できるようにしていくことである。

　NPO法人はNPOの原点をベースに、常にNPOの役割を考えることによって、市民から信頼が得られるであろう。そのことにより、NPOとしての事業が継続でき、その積み重ねによってNPOの存在意義も高まると考えられる。

　次に、認知症グループホーム外部評価[5]の分析を行った結果、次のようなことがわかる。

4　安立（2003）、p.53。
5　外部評価の説明については、第4節を参照。

図表3-1 認知症グループホーム外部評価・法人別集計(2005年現在)

分野・領域	項目点数	社会福祉法人 評価点数	社会福祉法人 評価(達成率)%	NPO法人 評価点数	NPO法人 評価(達成率)%	生協 評価点数	生協 評価(達成率)%	医療法人 評価点数	医療法人 評価(達成率)%	営利法人 評価点数	営利法人 評価(達成率)%	5法人 合計点数	5法人 平均	5法人 評価(達成率)%
I 運営理念	4	2.9	72.5	3.0	75.0	3.0	75.0	2.6	65.0	2.7	67.5	14.2	2.8	70.0
II 生活空間づくり	10	8.5	85.0	8.7	87.0	10.0	100.0	8.3	83.0	7.8	78.0	43.3	8.7	87.0
III ケアサービス	38	33.5	88.2	34.9	91.8	34.0	89.5	35.8	94.2	31.9	83.9	170.1	34.0	89.5
IV 運営体制	19	15.0	78.9	16.3	85.8	16.0	84.2	14.0	73.7	14.8	77.9	76.1	15.2	80.0
合計	71	59.9	84.4	62.9	88.6	63.0	88.7	60.7	85.4	57.3	80.7	303.8	60.7	85.5

(出典)独立行政法人福祉医療機構「WAMNET 認知症グループホーム外部評価情報」より作成。

図表3-1「認知症グループホーム外部評価・法人別集計」から、以下のようなことがいえる。なお、生活協同組合は1事業所のみであるため、法人間の比較対象から除外した。

　入居希望者やその家族は、条件が一定の場合、一般的には総合評価（達成率）が高いところを選択すると考えられる。総合評価を利用者の満足度とあわせて考えると次のようにいえる。

　NPO法人は、総合評価で最も高い評価（達成率）が得られた。すなわち、NPO法人が設置する認知症グループホームは、入居者にとって一番高い満足度を得る可能性が高いといえる。そして、どの項目においても最も高い評価（達成率）が得られ、特に家庭的な生活空間づくりという良好な内部環境のもと、質の高いケアサービスがなされているといえる。また、地域との交流においても評価（達成率）が高いところから、地域密着型の運営理念のもとにバランスのとれた事業展開がなされているといえる。さらに、NPO法人と社会福祉法人の認知症グループホームを比較すると、NPO法人の方が社会福祉法人の認知症グループホームよりも、入居者の評判がよかった。今後の事業展開で、このよい点をもっと生かすべきである。

田中はNPO分野のうち介護系NPOがNPOの主軸にありつづけるという[6]。この予想は、NPO法人が認知症グループホームの外部評価において、評価が高いという結果からもうかがうことができる。
　外部評価では、高評価を得ることができたが、経営実態ではどうなっているのか、次節で考察する。

6　田中（2003）、p.29。

第3節　認知症グループホームの財務分析

　本節では、新潟県内の認知症グループホームを経営しているNPO法人や社会福祉法人の財務分析を行い、今後安定した経営が継続できるのか、その可能性について考察する。

　介護サービス提供者にとっては、利用者から選択される良質なサービスを永続的に提供できる安定的な経営が重要であり、経営指標に基づく経営管理を含めた自主的な経営努力が求められる。非営利組織であるNPO法人や社会福祉法人といえども経営成果の追求は不可欠である。経営分析は最大限の成果を上げるために必要なアプローチである。財務分析手法を活用することで、自法人の経営指標を定量的に把握することができ、自法人にはどのような経営課題があるのかを明確にすることができる。

3-1　財務分析手法と財務分析対象法人

　法人の決算書を利用した「財務分析」は、安全性分析・収益性分析・成長性分析および生産性分析に分類される。これらにより法人の経営状況を多面的に分析を行い、改善点の把握や今後の運営方針を決定することになる。

　本節では、県内の認知症グループホームを経営するNPO法人と社会福祉法人の決算書に基づき安全性分析と収益性分析を行った。

　NPO法人の対象数は、2002（平成14）年以前において、県内のNPO法人が開設している認知症グループホーム数は3カ所のみで分析の対象数としては少ないので、それ以降の2003年度及び2004年度に認知症グループホームを開設した法人（事業所）のうち、2005（平成17）年7月1日現在、新潟県県民生活課に決算書を提出している全てのNPO法人（事業所）を対象とした。対象数は10法人（12事業所）である。NPO法人と同じ非営

利組織である社会福祉法人との比較検討も行った。社会福祉法人の選定は、県内の介護サービス分野で先駆的かつ複数施設を経営している5法人（10事業所）とした。財務分析対象法人の概要は図表3-2のとおりである。

図表3-2　財務分析対象法人の概要

（NPO法人）

法人名 (事業所名)	定員数	ユニット数	所在地 市町村名	開設年月日 平成年月日	専従常勤	専従非常勤	兼務常勤	計
A	9	1	新潟市	15.10.1	7	1		8
B	9	1	小千谷市	14.11.1	7	2	1	10
C	9	1	魚沼市	15.1.10	3	5	1	9
D-a	18×2	2	上越市	15.11.17	28			28
D-b	9	1	〃	13.11.9	5	3		8
D-c	15	2	〃	16.11.10	11		1	12
E	9	1	〃	15.10.6	5		1	6
F	9	1	長岡市	15.10.9	8			8
G	9	1	新発田市	16.4.1	7			7
H	9×2	2	上越市	16.5.1	12	2	1	15
I	9	1	津南町	13.11.9	5	4		9
J	17	2	村松町	15.11.1	2	5		7

（社会福祉法人）

法人名 (事業所名)	定員数	ユニット数	所在地 市町村名	開設年月日 平成年月日	専従常勤	専従非常勤	兼務常勤	計
K-a	6	1	長岡市	10.10.8	4		3	7
K-b	8	1	〃	14.1.1	7		1	8
K-c	9	1	〃	14.4.1	7		1	8
L	14	2	〃	14.7.1	7		3	10
M	9	1	燕市	15.12.1	6	1	1	8
N	9×2	2	長岡市	14.6.1	15		2	17
O-a	9×2	2	新潟市	13.7.1	14			14
O-b	9	1	〃	14.4.13	7			7
O-c	9	1	関川村	14.8.1	7	1		8
O-d	9×2	2	佐渡市	16.5.1	13	5		18

(出典)新潟県福祉保健部高齢福祉保健課、「WAMNET認知症グループホーム外部評価情報」より作成。

注：ユニット(共同生活住居)とは、認知症の状態にある要介護者が共同生活を営むべき住居をいい、居室、居間、食堂、台所、浴室等の設備のあるものをいう。平成15年10月1日現在、全国の認知症グループホームにおけるユニット数は、「1ユニット」が最も多くなっている。平均ユニット数は1.5ユニット、1ユニット当りの定員は8.7人。
（平成15年介護サービス施設・事業所調査結果の概況(厚生労働省)）

3-2 安全性分析

本項の安全性分析では比率分析を行う。短期的なものとしては、「流動比率[7]」と「当座比率[8]」を、長期的なものとしては、「自己資本比率[9]」から、安全性を分析した。ここでいう短期、長期の期間については、企業会計原則等の会計基準に準拠して、短期とは1年を基準とし、長期はこれを超えるものとした。

3-2-1 NPO法人の安全性分析

新潟県内のNPO法人の財務状況の安全性分析を行った。2003年度は7法人の財務状況から流動比率・当座比率の分析を行った。その結果は、次のとおりである。

---

[7] 流動比率（％）：流動資産／流動負債（×100）
[8] 当座比率（％）：当座資産／流動負債（×100）
[9] 自己資本比率（％）：正味財産／総資産（×100）、なお、総資産＝負債＋正味財産。

図表3-3　新潟県内におけるNPO法人の財務状況（2003年度）
（認知症グループホーム参入のNPO法人）

法人名	所在地	定員等 他の事業種別	対象期間	収入額（当期）	会費	比率(%)	寄附金	比率(%)	収支差額（当期）
A	新潟市	1ユニット9名 グリーピング事業	H15.4.1～16.3.31	22,353,839	0	0.0	0	0.0	△1,006,263
B	小千谷市	1ユニット9名 ボランティア事業	H15.4.1～16.3.31	44,093,840	0	0.0	0	0.0	8,485,548
C	魚沼市	1ユニット9名 移送、憩いの家管理	15.6.1～16.5.31	45,294,493	670,000	1.4	3,952,799	8.7	10,746,619
D	上越市	2ユニット18名 1ユニット9名	H15.4.1～16.3.31	73,302,195	400,000	0.5	2,500,000	3.4	4,929,000
E	上越市	1ユニット9名	H15.8.21～16.3.31	16,304,518	20,000		0	0.0	6,905,580
F	長岡市（越路）	1ユニット9名	H15.10.1～16.3.31	93,254,866	220,000	0.2	0	0.0	3,281,008
J	村松町	2ユニット17名 デイサービス(15人) 保育園(180人) 学童保育(115人) グループハウス(7人)	H15.4.1～16.3.31	140,647,480	320,000	0.2	0	0.0	△13,685,544

法人名	資産合計	流動資産	負債	流動負債	正味財産（当期）	自己資本比率(%)	流動比率(%)	正味財産（当期）
A	7,805,397	6,840,025	8,850,658	8,850,658	△1,045,261	△13.4	77.3	△1,045,261
B	32,591,869	11,951,631	12,787,643	5,486,367	19,804,226	60.8	217.8	19,804,226
C	28,023,680	9,487,660	17,857,881	4,845,186	10,165,799	36.3	195.8	10,165,799
D	37,022,942	30,990,586	34,352,108	15,338,057	2,670,834	7.2	202.1	2,670,834
E	9,566,793	9,076,968	10,902,704	6,702,704	△1,335,911	△14.0	135.4	△1,335,911
F	77,466,047	8,382,825	84,226,032	25,311,825	△6,759,985	△8.7	33.1	△6,759,985
J	69,604,493	61,690,473	82,731,664	50,651,664	△13,127,171	△18.9	121.8	△13,127,171

注：2005年10月1日現在、新潟県県民生活課に提出されている法人を対象。金額の単位は円。

図表3-4　当座比率算出計算書（2003年度）

	当座資産(円)	流動負債(円)	当座比率(%)
A	6,840,025	8,850,658	77.3
B	11,951,631	5,486,367	217.8
C	9,487,660	4,845,186	195.8
D	30,990,586	15,338,057	202.1
E	8,854,968	6,702,704	132.1
F	8,372,550	25,311,825	33.1
J	61,532,264	50,651,664	121.5

（出典）2005年10月1日現在、新潟県県民生活課に提出されている決算書より作成。

図表3-5　安全性分析（2003年度）

	流動比率(%) ①	当座比率(%) ②	差(①－②)
A	77.3	77.3	0.0
B	217.8	217.8	0.0
C	195.8	195.8	0.0
D	202.1	202.1	0.0
E	135.4	132.1	3.3
F	33.1	33.1	0.0
J	121.8	121.5	0.3
平均	140.5	140.0	0.5

（出典）2005年10月1日現在、新潟県県民生活課に提出されている決算書より作成。

図表3-6　わが国の流動比率の現状

	00/4〜01/3	99/4〜00/3
全業種平均	117.46%(110.72%)	125.56%(116.33%)
製造業平均	136.64%(126.62%)	149.04%(132.76%)
非製造業平均	104.48%(95.22%)	110.17%(100.80%)

注1：00/4〜01/3は、対象が2000年4月から2001年3月期決算ということ
注2：（　）内は連結指標
（出典）森田(2002) p.50。

図表3-7　わが国の当座比率の現状

（単体）

	00/4〜01/3	99/4〜00/3
全業種平均	76.78%	87.01%
製造業平均	90.85%	103.88%
非製造業平均	67.27%	75.95%

（出典）森田(2002) p.58。

（1）　2003年度NPO法人の流動比率・当座比率の結果

　2003（平成15）年度の安全性分析の結果は、図表3－5の安全性分析のとおりである。まず、流動比率であるが、平均が140.5％と高く、2000年度の製造業平均よりも高い結果であった。当座比率においては、平均が

140.0％となり、森田がいうように、当座資産は十分確保されており、支払いに対する不安はまったくないといえる[10]。ただ、A法人とF法人においては、流動比率がかなり低く、安全性に問題があることがわかる。同図表の差額は、少なければ少ないほど、流動資産の中に占める当座資産の割合が多いということになる。すなわち、現金・預金またはすぐに資金化できる資産の比率が高いと考えられる。

　2004年度は10法人の財務状況から流動比率・当座比率の分析を行った。その結果は、つぎのとおりである。

10　森田（2002）、p.62。

第3章 社会福祉事業におけるNPO法人の課題と展望 93

図表3-8 新潟県内におけるNPO法人の財務状況（2004年度）
（認知症グループホーム参入のNPO法人）

法人名	所在地	定員等 他の事業種別	対象期間	収支計算書 収入額（当期）	会費	比率(%)	寄附金	比率(%)	収支差額（当期）
A	新潟市	1ユニット9名 グリーピング事業	H16.4.1～17.3.31	32,058,904	0	0.0	0	0.0	971,931
B	小千谷市	1ユニット9名 ボランティア事業	H16.4.1～17.3.31	37,603,308	170,000	0.5	0	0.0	△130,440
C	魚沼市	1ユニット9名 移送、憩いの家管理	16.6.1～17.5.31	44,565,472	639,999	1.4	1,151,182	2.6	4,560,306
D	上越市	2ユニット18名 1ユニット9名 2ユニット15名	H16.4.1～17.3.31	139,888,759	0	0.0	9,501,509	6.8	△4,280,341
E	上越市	1ユニット9名	H16.4.1～17.3.31	35,256,948	0	0.0	0	0.0	△1,237,621
F	長岡市	1ユニット9名	H16.1.1～16.12.31	50,265,324	205,000	0.4	836,177	1.7	963,307
G	新発田市	1ユニット9名	H16.4.1～17.3.31	15,574,705	0	0.0	0	0.0	△10,351,474
H	上越市	2ユニット18名 1ユニット9名	H16.4.1～17.3.31	63,124,037	315,000	0.5	0	0.0	2,541,047
I	津南町	1ユニット9名	H16.8.1～17.3.31	24,709,191	235,000	1.0	73,000	0.3	2,154,772
J	村松町	1ユニット9名 デイサービス(22人) 保育園(220人) 学童保育(115人) グループハウス(9人) 居宅介護支援センター	H16.4.1～17.3.31	205,209,463	200,000	0.1	0	0.0	△14,477,611

法人名	貸借対照表 資産合計	流動資産	負債	流動負債	正味財産（当期）	自己資本比率(%)	流動比率(%)	財産目録 正味財産（当期）
A	7,890,262	7,813,822	8,852,524	8,852,524	△962,262	△12.2	88.3	△962,262
B	26,129,441	5,601,522	6,455,655	2,466,444	19,673,786	75.3	227.1	19,673,786
C	32,945,897	16,541,305	21,322,050	9,727,595	11,623,847	35.3	170.0	11,623,847
D	34,975,723	24,004,220	36,585,230	17,300,230	△1,609,507	△4.6	138.8	△1,609,507
E	8,252,764	7,864,939	9,179,596	4,979,596	△926,832	△11.2	157.9	△926,832
F	75,552,921	8,394,826	83,947,107	27,256,400	△7,979,634	△10.5	30.8	△7,979,634
G	6,580,332	4,900,659	16,830,070	5,731,511	△10,249,738	△155.8	85.5	△10,249,738
H	20,258,476	16,791,316	17,147,328	17,147,328	3,111,148	15.4	97.9	3,111,148
I	9,682,160	8,186,120	7,417,878	7,417,878	2,264,282	23.4	110.4	2,264,282
J	117,603,849	110,502,524	145,008,631	111,498,631	△27,404,782	△23.3	99.1	△27,404,782

注：2005年10月1日現在、新潟県県民生活課に提出されている法人を対象。金額の単位は円。

図表3-9　当座比率算出計算書(2004年度)

	当座資産(円)	流動負債(円)	当座比率(%)
A	7,813,822	8,852,524	88.3
B	5,601,522	2,466,444	227.1
C	16,541,305	9,727,595	170.0
D	24,004,220	17,300,230	138.8
E	7,731,939	4,979,596	155.3
F	8,306,918	27,256,400	30.5
G	4,463,794	5,731,511	77.9
H	16,077,477	17,147,328	93.8
I	8,186,120	7,417,878	110.4
J	108,074,303	111,498,631	97.0

(出典)2005年10月1日現在、新潟県県民生活課に提出されている決算書より作成。

図表3-10　安全性分析(2004年度)

	流動比率(%)　①	当座比率(%)　②	差(①-②)
A	88.3	88.3	0.0
B	227.1	227.1	0.0
C	170.0	170.0	0.0
D	138.8	138.8	0.0
E	157.9	155.3	2.6
F	30.8	30.5	0.3
G	85.5	77.9	7.6
H	97.9	93.8	4.1
I	110.4	110.4	0.0
J	99.1	97.0	2.1
平均	120.6	118.9	1.7

(出典)2005年10月1日現在、新潟県県民生活課に提出されている決算書より作成。

(2)　2004年度NPO法人の流動比率・当座比率の結果

　2004(平成16)年度の安全性分析の結果は、図表3－10の安全性分析のとおりである。

　まず、2004年度の流動比率であるが、全体の平均で昨年よりも20％下がったが、120.6％と高い数字を維持しており、高いところと低いところの差が大きい。流動比率100％を割っている法人が半数の5法人、前年より3法人増えた。当座比率においても、平均が118.9％で、昨年より21.1％下がっ

た。100％を割っている法人が半数の5法人、前年より3法人増えた。短期的な安全性に問題がある法人が前年より増えていることがわかる。2つの法人においては、2年連続して、流動比率が低い。このうち、法人Aは、やや改善方向にあるが、法人Fは流動比率、当座比率とも悪化した。資金繰りにも苦しい経営を余儀なくされていることがわかる。

（3） NPO法人の安全性分析（自己資本比率）の結果

図表3-11　自己資本比率の評価ランク表

理想企業	70％以上
優秀企業	40～69％
普通企業	20～39％
これから	0～19％
債務超過	0％未満

（出典）天野（2004）p.85。

図表3-12　自己資本比率の年度別比較

	自己資本比率		差	評価		動向
	2003年度①	2004年度②	①-②	2003年度	2004年度	改善等
A	△13.4	△12.2	△1.2	債務超過	債務超過	↑
B	60.8	75.3	△14.5	優秀企業	理想企業	↑
C	36.3	35.3	1.0	普通企業	普通企業	↓
D	7.2	△4.6	11.8	これから	債務超過	
E	△14.0	△11.2	△2.8	債務超過	債務超過	↑
F	△8.7	△10.5	1.8	債務超過	債務超過	
G		△155.8			債務超過	
H		15.4			これから	
I		23.4			普通企業	
J	△18.9	△23.3	4.4	債務超過	債務超過	↓
平均	7.0	△6.8				

評価は、図表3-11の自己資本比率の評価ランク表による。
（出典）2005年10月1日現在、新潟県県民生活課に提出されている決算書より作成。

集計結果からみると、2003年度において、図表3-11の分類に従うと、債務超過の法人は4法人（57％）、2004年度の債務超過の法人は6法人（60％）と、2法人が増えた。2年連続して債務超過法人は4法人（40％）、

このうち、改善傾向にある法人は、2法人、さらに悪化した法人が2法人となっている。2年間だけの決算報告だけであるが、NPO法人の半数以上は債務超過であり、長期的にも決して安定しているとはいえない。

3－2－2　社会福祉法人の安全性分析
（1）　社会福祉法人の流動比率・当座比率の結果
　2003（平成15）年度並びに2004（平成16）年度の短期の安全性分析結果は図表3－13～17のとおりである。まず、流動比率についてはすべての法人で全く問題がない。また、当座比率についても問題がない。極めて安定した経営がなされていることがわかる。
　しかし、収支差額において、2003年度で2事業所、2004年度で6事業所（60％）が赤字である。事業活動収支計算書をみると、赤字の事業所においては、法人本部やバックアップ施設からの繰入金によって経営されている。流動比率の年度別の比較においても、2004年度は対前年比よりも悪くなっているところが、6事業所あることがわかる。

（2）　社会福祉法人の自己資本比率
　自己資本比率においても、図表3－11による評価ランク表の数値からいえば、2003年度は理想企業（自己資本比率70％以上）が9事業所のうち8事業所（88％）、残りの1事業所も優秀企業（自己資本比率40～69％）といえる。2004年度においても、10事業所のうち、理想企業は7事業所（70％）、残りの3事業所も優秀企業といえる。結果として、長期的にも安定しているといえる。ただ、2004年度において対前年度比をみれば、下がっているところが1事業所あるが、問題ない。

第3章 社会福祉事業におけるNPO法人の課題と展望　97

図表3-13　新潟県内における社会福祉法人の財務状況（2003年度）

（認知症グループホーム参入の社会福祉法人）

法人名	所在地	定員等	対象期間	収入額（当期）	寄附金	比率(%)	収支差額（当期）
K-a	長岡市	1ユニット6名	H15.4.1～16.3.31	22,429,720	500,000	2.2	37,447,176
K-b	長岡市	1ユニット8名	H15.4.1～16.3.31	32,751,702			22,767,844
K-c	長岡市	1ユニット9名	H15.4.1～16.3.31	36,931,220			△16,391,467
L	長岡市	2ユニット14名	H15.4.1～16.3.31	66,665,248			15,473,024
M	燕市	1ユニット9名	H15.4.1～16.3.31	10,746,561			19,249,587
N	長岡市	2ユニット18名	H15.4.1～16.3.31	43,234,633			3,202,926
O-a	新潟市	2ユニット18名	H15.4.1～16.3.31	74,191,847			1,755,331
O-b	新潟市	1ユニット9名	H15.4.1～16.3.31	37,210,501			△50,296
O-c	関川村	1ユニット9名	H15.4.1～16.3.31	36,770,834			2,360,453

収支計算書

法人名	資産合計	流動資産	負債	流動負債	正味財産（当期）	自己資本比率(%)	流動比率(%)	正味財産（当期）
K-a	13,276,968	13,276,968	38,246	38,246	13,238,722	99.7	34714.7	13,238,722
K-b	16,929,861	16,929,861	51,712	51,712	16,878,149	99.7	32738.7	16,878,149
K-c	72,136,012	17,377,288	45,473	45,473	72,090,539	99.9	38214.5	72,090,539
L	209,466,767	32,803,529	531,347	531,347	208,935,420	99.7	6173.7	208,935,420
M	74,573,619	7,394,220	7,264,684	7,264,684	67,308,935	90.3	101.8	67,308,935
N	63,598,979	11,302,761	16,595,896	483,221	47,003,083	73.9	2339.0	47,003,083
O-a	113,812,728	14,985,074	29,017,246	457,246	84,795,482	74.5	3277.2	84,795,482
O-b	63,538,321	9,016,174	27,426,157	94,157	36,112,164	56.8	9575.7	36,112,164
O-c	58,937,600	11,919,863	17,122,654	71,654	41,814,946	70.9	16635.3	41,814,946

貸借対照表 / 財産目録

金額の単位は円。

図表3-14　当座比率算出計算書（2003年度）

	当座資産(円)	流動負債(円)	当座比率(%)
K-a	13,276,968	38,246	34714.7
K-b	16,929,861	51,712	32738.7
K-c	17,377,288	45,473	38214.5
L	32,719,450	531,347	6157.8
M	7,394,220	7,264,684	101.8
N	10,724,567	483,221	2219.4
O-a	14,985,074	457,246	3277.2
O-b	9,016,174	94,157	9575.7
O-c	11,919,863	71,654	16635.3

図表3-15　新潟県内における社会福祉法人の財務状況（2004年度）

（認知症グループホーム参入の社会福祉法人）

法人名	所在地	定員等	対象期間	収支計算書 収入額（当期）	寄附金	比率(%)	収支差額（当期）
K-a	長岡市	1ユニット6名	H16.4.1～17.3.31	20,691,639			△2,052,053
K-b	長岡市	1ユニット8名	H16.4.1～17.3.31	31,521,100			△6,007,340
K-c	長岡市	1ユニット9名	H16.4.1～17.3.31	38,110,142			△3,201,770
L	長岡市	2ユニット14名	H16.4.1～17.3.31	62,076,364			8,082,345
M	燕市	1ユニット9名	H16.4.1～17.3.31	35,918,182			△348,739
N	長岡市	2ユニット18名	H16.4.1～17.3.31	77,239,268			19,213,592
O-a	新潟市	2ユニット18名	H16.4.1～17.3.31	75,693,537			280,975
O-b	新潟市	1ユニット9名	H16.4.1～17.3.31	38,065,228			340,535
O-c	関川村	1ユニット9名	H16.4.1～17.3.31	37,643,257			△4,196,384
O-d	佐渡市	2ユニット18名	H16.4.1～17.3.31	57,632,314			△79,265,100

法人名	貸借対照表 資産合計	流動資産	負債	流動負債	正味財産（当期）	自己資本比率(%)	流動比率(%)	財産目録 正味財産（当期）
K-a	11,276,015	11,276,015	89,346	89,346	11,186,669	99.2	12620.6	11,186,669
K-b	10,913,366	10,913,366	42,557	42,557	10,870,809	99.6	25644.1	10,870,809
K-c	68,096,103	14,754,792	152,147	152,147	67,943,956	99.8	9697.7	67,943,956
L	214,453,844	44,682,397	261,767	261,767	214,192,077	99.9	17069.5	214,192,077
M	70,344,260	5,938,870	5,634,499	5,634,499	64,709,761	92.0	105.4	64,709,761
N	131,424,556	17,613,321	30,417,093	617,093	101,007,463	76.9	2854.2	101,007,463
O-a	113,812,728	14,884,839	29,017,246	457,246	84,795,482	74.5	3255.3	84,795,482
O-b	60,080,816	9,592,589	26,008,423	216,423	34,072,393	56.7	4432.3	34,072,393
O-c	51,488,530	7,791,919	16,266,737	228,737	35,221,793	68.4	3406.5	35,221,793
O-d	158,703,001	12,799,705	70,649,868	1,317,313	88,053,133	55.5	971.7	88,053,133

金額の単位は円。

図表3-16　当座比率算出計算書(2004年度)

	当座資産(円)	流動負債(円)	当座比率(%)
K-a	11,276,015	89,346	12620.6
K-b	10,913,366	42,557	25644.1
K-c	14,754,792	152,147	9697.7
L	44,541,127	261,767	17015.6
M	5,938,870	5,634,499	105.4
N	16,774,842	617,093	2718.4
O-a	14,762,439	457,246	3228.6
O-b	9,515,585	216,423	4396.8
O-c	7,726,257	228,737	3377.8
O-d	12,587,460	1,317,313	955.5

図表3-17　安全性分析の年度別比較

	流動比率(%) A			当座比率(%) B			差(A-B)		
	2003年度①	2004年度②	差(①-②)	2003年度①	2004年度②	差(①-②)	2003年度・差①	2004年度・差②	差(①-②)
K-a	34,714.7	12,620.6	22,094.1	34,714.7	12,620.6	22,094.1	0.0	0.0	0.0
K-b	32,738.7	25,644.1	7,094.6	32,738.7	25,644.1	7,094.6	0.0	0.0	0.0
K-c	38,214.5	9,697.7	28,516.8	38,214.5	9,697.7	28,516.8	0.0	0.0	0.0
L	6,173.7	17,069.5	△10,895.8	6,157.8	17,015.6	△10,857.8	15.9	53.9	△38.0
M	101.8	105.4	△3.6	101.8	105.4	△3.6	0.0	0.0	0.0
N	2,339.0	2,854.2	△515.2	2,219.4	2,718.4	△499.0	119.6	135.8	△16.2
O-a	3,277.2	3,255.3	21.9	3,277.2	3,228.6	48.6	0.0	26.7	△26.7
O-b	9,575.7	4,432.3	5,143.4	9,575.7	4,396.8	5,178.9	0.0	35.5	△35.5
O-c	16,635.3	3,406.5	13,228.8	16,635.3	3,377.8	13,257.5	0.0	28.7	△28.7
O-d		971.7			955.5			16.2	
平均	15,974.5	8,005.7	7,968.8	15,959.5	7,976.1	7,983.4	15.1	29.7	△14.6

3-2-3　社会福祉法人とNPO法人の安全性の比較

　社団法人シルバーサービス振興会が行った「デイサービス・ショートステイ・認知症グループホームにおける実態調査事業報告書[11]」の経営状況のなかで、開業資金についてふれている。民間企業の場合、開業資金(80.4%)と借入金(60.8%)が2本柱となっている。筆者も2005年5月に県内の認知症グループホームを開設しているNPO法人の現地実態調査を行ったが、開業資金は、開設者の自己資金と銀行からの借入金で開設したところが大半であった。また、開設者が建設会社のオーナーが2カ所、製造業のオー

11　シルバーサービス振興会編（2002）。

ナーが2カ所、学習塾のオーナーが1カ所など、オーナーの自己資金やそれぞれの営利企業や銀行からの借入金によって開設していた。

一方、社会福祉法人については、まず、シルバーサービス振興会の報告書によれば、「助成金・寄附金」と「自己資金」がいずれも5割という。筆者のヒアリングでは、「補助金」と積立金による「自己資金」により開設しており、大きく構造が異なっていることがわかる。

上記の分析結果からわかるように、一部のNPO法人では、2年続けて債務超過の法人もあり、タイトロープ的な自転車操業もそう長く続くものではない。銀行からの融資がストップされ、最終的には倒産に追い込まれることになる。そうなった場合、オーナーだけの問題ではなく、入居者や従業員においても深刻な問題となる。

社会福祉法人の場合、その事業所において当期決算で赤字になっても、法人やバックアップ施設からの繰入金などによって補填しており、上記の分析結果で示すように、短期的にも長期的にも安定した経営がなされているといえる。

本項で行った安全性分析の結果から、社会福祉法人とNPO法人との安全性を比較してみると次のようなことがいえる。

まず、流動比率と当座比率の比較であるが、流動比率・当座比率とも社会福祉法人とNPO法人において、数値がかけ離れすぎている。流動比率では、NPO法人においても、指数的にも決して悪いものでなく、安定している。しかし、社会福祉法人の平均指数はNPO法人の平均指数よりも、2003年度で114倍、2004年度でも66倍と、圧倒的に優位であった。一方、当座比率においても、社会福祉法人が2003年度で114倍、2004年度で67倍と、圧倒的に優位であった。

次に、自己資本比率であるが、社会福祉法人の自己資本比率は、評価ランク表でいえば、2003年度では、優秀企業が1カ所、残りの8カ所全てが理想企業に該当する。2004年度でも、優秀企業に3カ所、残りの7カ所全

てが理想企業に該当する。一方、NPO法人の場合は、2003年度では、優秀企業に1カ所・普通企業に1カ所・これからに1カ所・債務超過に4カ所が該当するが、2004年度には、理想企業に1カ所・普通企業に2カ所・これからに1カ所・債務超過に6カ所が該当する。2年間の推移をみると、債務超過に該当する事業所が2カ所増加し、自己資本比率の平均指数もマイナスに転じ、全体的に悪化している。

　以上のことから、社会福祉法人はNPO法人に比べると安全性において優位であるといえる。また、当座比率・流動比率・自己資本比率において、社会福祉法人とNPO法人の間で大きな格差があることが、実態としてわかった。

3-3　収益性分析

　収益性分析は、資本利益率（比率分析）、損益分岐点分析（実数分析）、利益増減分析の3つに分類されているが[12]、本項では、損益分岐点分析により収益性分析を行った。

3-3-1　損益分岐点分析の積極的活用

　措置制度から契約による利用制度への転換を含め、福祉サービス提供の仕組みが変更されたのに伴い、社会福祉法第24条で「社会福祉法人は、（中略）、自主的にその経営基盤の強化を図るとともに、その提供する福祉サービスの質の向上及び事業経営の透明性を図らなければならない」と規定され、社会福祉法人は自主的経営の実践を迫られることとなった。また、2000年4月には経営成果を測定するために社会福祉法人会計準則が制定・施行され、同基準によって作成された計算書類を開示することが義務づけ

12　中央青山監査法人（2004）、p.30。

られた。

　社会福祉制度の変革によって国民の福祉に対する意識は変化し、さらには規制緩和による市場競争が促進されるなど、社会福祉法人を取り巻く経営環境は激変した[13]。

　特に、措置制度下で形式概念にすぎなかった経営概念が実態概念に変貌した。即ち、「運営」から「経営」へと意識変革をするとともに、営利法人の経営手法を導入し、自法人の継続的発展を実現するための主体的適応を余儀なくされた。介護報酬の切り下げや障害者自立支援法の成立によって、高齢者・障害者等福祉分野も冬の時代に入ったが、この現状下で、経営活動の革新を図っていかなければ、社会福祉法人といえども、経営を維持することは望めない時代がやってきたといえる。

　損益分岐点分析のメリットや活用方法として、次のようなことがあげられる。

　目標利益の設定額から、必要事業活動収入額を算出するためには、一般的に損益分岐点分析の公式を活用する。この活用について、今まで、社会福祉法人やNPO法人自体においても、消極的であったし、一般的にも論じられることが少なかった。しかし、昨今の活用の動向をみると、全国9,300の会計事務所の税理士・公認会計士の全国ネットワークであるTKC全国会（http://www.tkcnf.or.jp/）や川原邦彦、北林孝雄、赤岩茂などは損益分岐点分析について積極的に活用しており、普及が進んでいるといえる。

　そこで、筆者は、県内の認知症グループホームの財務分析にあたり、この損益分岐点分析を使用した。

3-3-2　NPO法人の損益分岐点分析結果

　2003年度並びに2004年度事業活動収支計算書に基づき、損益分岐点分析

13　川原（2001）。

を行った。

結果は、図表3-18、3-19の損益分岐点分析集計のとおりである。

図表3-18　損益分岐点分析集計(NPO法人:2003年度)

(単位:千円)

	事業活動収入	事業活動支出	事業活動外収入	事業活動外支出	経常収支差額	変動費	固定費	限界利益	限界利益率	変動費率	損益分岐点	損益分岐点安全度(%)	
A法人	15,466	17,390	0	10	△1,934	627	16,773	14,839	0.959	0.041	17,490	88.4	欠損(赤字)
B法人	44,094	35,608	0	0	8,486	2,005	33,603	42,089	0.955	0.045	35,186	125.3	安全
C法人	37,244	29,305	0	5,393	2,546	3,166	31,532	34,078	0.915	0.085	34,461	108.1	安全
D法人	73,303	72,246	1	156	902	6,398	66,003	66,905	0.087	0.087	72,292	101.4	安全
E法人	16,325	17,558	11,941	4,011	6,697	804	8,824	15,521	0.049	0.049	9,279	175.9	安全
F法人	12,013	89,958	81,226	0	3,281		8,732	12,013	1.000	0.000	8,732	137.6	安全

図表3-19　損益分岐点分析集計(NPO法人:2004年度)

(単位:千円)

	事業活動収入	事業活動支出	事業活動外収入	事業活動外支出	経常収支差額	変動費	固定費	限界利益	限界利益率	変動費率	損益分岐点	損益分岐点安全度(%)	
A法人	32,059	31,087	0	0	972	1,236	29,851	30,823	0.961	0.039	31,073	103.2	安全
B法人	37,603	37,734	0	0	△131	1,270	36,464	36,333	0.966	0.034	37,747	99.6	欠損(赤字)
C法人	38,357	34,730	0	1,922	1,705	3,223	33,429	35,134	0.916	0.084	36,495	105.1	安全
D法人	139,889	143,887	0	305	△4,303	10,000	134,192	129,889	0.929	0.071	144,448	96.8	欠損(赤字)
E法人	35,257	34,513	0	1,981	△1,237	1,544	34,950	33,713	0.956	0.044	36,559	96.4	欠損(赤字)
F法人	43,469	46,006	3,500	0	963		42,506	43,469	1.000	0.000	42,506	102.3	安全
G法人	15,575	25,926	15,580	5,318	△89	818	14,846	14,757	0.947	0.053	15,677	99.3	欠損(赤字)
H法人	63,124	60,583	0	2,541	4,559	56,024	58,565	0.928	0.072	60,371	104.6	安全
I法人	24,416	22,261	0	0	2,155		22,261	24,416	1.000	0.000	22,261	109.7	安全

図表3-20　損益分岐点安全度年度別比較

法人名	損益分岐点安全度(比率:%)			法人名	損益分岐点安全度(比率:%)		
	2003年度①	2004年度②	差②-①		2003年度①	2004年度②	差②-①
A	88.4	103.2	14.8	F	137.6	102.3	△35.3
B	125.3	99.6	△25.7	G		99.3	99.3
C	108.1	105.1	△3.0	H		104.6	104.6
D	101.4	96.8	△4.6	I		109.7	109.7
E	175.9	96.4	△79.5	平均	122.8	101.9	△20.9

(1) 損益分岐点分析の評価

2003年度の分析結果から、欠損(赤字)事業所は6カ所中1カ所(17%)。損益分岐点安全度(比率)の平均は122.8%と収益性のとれた事業展開がなされていることがわかる。なお、国民生活金融公庫総合研究所発表の2004年度版の小企業の経営指標における老人福祉事業の平均が98.0%(信頼区間:上方信頼限界100.4、下方信頼限界95.5)となっており、これより

も上回っている。2004年度の分析事業所は3カ所増加して9カ所である。9カ所中欠損（赤字）事業所は4カ所（44％）となった。2003年度と2004年度の動向をみると、A・E・F法人の事業所は2003年度中途開所であったが、2004年度は全期間の計算により、収入は大幅に伸びている。しかも、開所してから6カ月後には夜勤体制をとっている場合、夜勤ケア加算[14]がとれるので、加算分が収入増となり、2004年度は全体的に前年度より増収となっている。B法人は中越大震災の影響により、入居者を他施設に転院させ、収益が大幅にダウンし、赤字に転落した。C法人・F法人も地震の被害にあったが、収益の維持に努めた。D法人は1カ所増設したが、増設した施設の支出が嵩み、全体の決算では赤字になっている。2003年度の赤字から黒字へ好転したのはA事業所の1カ所、逆にE法人は収入が伸びたが、事業外支出を行ったことで赤字に転落した。

全体の損益分岐点安全度（比率）は101.9％と、かろうじて100％を超えているが、前年度よりも20.9％と大幅に収益性が落ち込んだことがわかる。

（2） 安全性分析と収益性分析との関連性

次に安全性分析の結果と収益性分析の結果において、2003年度と2004年度の2カ年の推移ではあるが、何か関連性がないか、動向として何かいえることがないだろうかと考え、関連表を作成した（図表3-21）。

図表3-21　安全性分析と収益性分析との関連表

法人名	流動比率の動向	当座比率の動向	損益分岐点安全度			原因
			2003年度	2004年度	動向	
A	↑	↑	赤字	黒字	↑（大幅）	
B	↑	↑	黒字	赤字	↓（大幅）	中越大震災
C	↓	↓	黒字	黒字	↓	〃
D	↓（大幅）	↓（大幅）	黒字	赤字	↓	1カ所増設
E	↑	↑	黒字	赤字	↓（大幅）	
F	↓	↓	黒字	黒字	↓（大幅）	中越大震災

14　平成18年度介護報酬等の改定によって、夜間においては夜勤を義務付け、これに伴う基本単位の見直しがあり、現行の夜間ケア加算は平成18年4月から廃止された。

第3章　社会福祉事業におけるNPO法人の課題と展望　105

　A法人は、黒字に好転したことにより、流動比率、当座比率とも改善がみられ、B法人は2004年10月23日の中越大震災の影響により、入居者を他施設に転院させ、収益が大幅にダウンし、赤字に転落したものの、流動比率・当座比率が改善されている。C法人は、地震の被害にも関わらず、堅実な経営により、黒字は維持したものの、流動比率・当座比率は落ちている。D法人は1カ所増設したが、スケールメリットの効果は現れず、全体の決算で赤字になったことにより、流動比率、当座比率とも大幅に落ち込んだ。E法人は借金を返済したことにより、収益性は大幅に落ち込み、赤字に転落したが、流動比率・当座比率は改善されている。F法人は中越大震災により収益性が昨年度よりも大幅に落ち込んだことにより、流動比率、当座比率ともダウンしている。

3-3-3　社会福祉法人の損益分岐点分析結果

　2003年度の結果では、黒字の事業所が67％、赤字事業所が33％である。

図表3-22　損益分岐点分析集計（社会福祉法人：2003年度）

(単位：千円)

	事業活動収入	事業活動支出	事業活動外収入	事業活動外支出	国庫補助金等特別積立金取崩額	経常収支差額	変動費	固定費	限界利益	限界利益率	変動費率	損益分岐点	損益分岐点安全度(%)	
K法人 Ka事業所	22,430	24,652	0	0		△2,222	2,130	22,522	20,300	0.905	0.095	24,886	90.1	欠損(赤字)
K法人 Kb事業所	32,752	39,627	0	0		△6,875	4,344	35,283	28,408	0.867	0.133	40,696	80.5	欠損(赤字)
K法人 Kc事業所	36,931	41,451	24,278	0	945	19,758	2,596	13,632	34,335	0.930	0.072	14,658	252.0	安全
L法人	66,665	51,242	50	0	2,825	15,473	2,827	45,540	63,838	0.958	0.044	47,537	140.2	安全
M法人	10,746	13,713	22,217	0	750	19,250	767	△10,021	9,979	0.929	0.077	△10,787	△99.6	欠損(赤字)
N法人	43,235	37,032	0	3,000	2,325	3,203	3,277	34,430	39,958	0.924	0.080	37,262	116.0	安全
O法人 Oa事業所	74,192	61,276		11,161	4,769	1,755	5,568	62,100	68,624	0.925	0.080	67,135	110.5	安全
O法人 Ob事業所	37,210	33,005	0	4,256	2,380	△51	2,331	32,550	34,879	0.937	0.067	34,739	107.1	安全
O法人 Oc事業所	36,771	28,187	0	6,223	2,397	2,361	2,195	29,818	34,576	0.940	0.064	31,721	115.9	安全

※固定費＝支出－取崩額－変動費
　変動費率＝変動費÷(収入－取崩額)

M事業所は年度途中の開設のため、収入がショートして、赤字になっているが、他会計から繰入し、補填している。O-c事業所は2002年度途中開設であったが、2003年度は全期間の計算により、収入が大幅に伸びている。

図表3-23　損益分岐点分析集計(社会福祉法人:2004年度)

(単位:千円)

	事業活動収入	事業活動支出	事業活動外収入	事業活動外支出	国庫補助金等特別積立金取崩額	経常収支差額	変動費	固定費	限界利益	限界利益率	変動費率	損益分岐点	損益分岐点安全度(%)	
K法人 Ka事業所	20,692	24,237	1,493	0		△2,052	1,887	22,350	18,805	0.909	0.091	24,587	84.2	欠損(赤字)
K法人 Kb事業所	31,521	37,009	0	520		△6,008	2,619	34,910	28,902	0.917	0.083	38,070	82.8	欠損(赤字)
K法人 Kc事業所	38,110	40,382	0	930	945	△3,202	2,735	37,632	35,375	0.928	0.074	40,552	94.0	欠損(赤字)
L法人	62,076	54,579	588	0	2,823	8,085	3,427	47,741	58,649	0.945	0.058	50,520	122.9	安全
M法人	35,918	36,267	0	0	2,250	△349	2,270	31,747	33,648	0.937	0.067	33,882	106.0	安全
N法人	77,240	70,163	12,247	110	4,411	19,214	5,881	47,734	71,359	0.924	0.081	51,660	149.5	安全
O法人 Oa事業所	75,694	61,854	0	13,559	4,769	281	5,226	65,418	70,468	0.931	0.074	70,266	107.7	安全
O法人 Ob事業所	38,065	31,200	0	6,231	2,380	341	2,431	32,620	35,634	0.936	0.068	34,850	109.2	安全
O法人 Oc事業所	37,643	29,764	0	12,075	2,397	△4,196	2,371	37,071	35,272	0.937	0.067	39,564	95.1	欠損(赤字)
O法人 Od事業所	57,632	54,607	2,827	60	3,901	5,792	3,883	44,056	53,749	0.933	0.072	47,220	122.0	安全

2004年度の結果から、赤字事業所が10カ所中4カ所（40％）である。この数字は、NPO法人損益分岐点分析の2004年度の結果（9カ所中4カ所（44％）が赤字決算）と、ほぼ同様の結果が出た。この原因は、中越大震災の影響によって収入がダウンしたことによる。長岡市内のK-a、K-b事業所は、中越大震災の影響で収入がダウンし、K-cは繰入金をしなかったことで、K法人の全事業所は赤字となっている。O-c事業所は経理区分間繰入金支出（当期活動支出額の40％相当額）を行ったことにより、昨年の黒字から赤字に転落している。昨年、年度途中で開設したM事業所は赤字から黒字へ好転している。

　同じ長岡市内に所在する事業所でも、収益面で中越大震災の影響を受け

なかったところもある。L、N事業所はいずれも特別養護老人ホームとの併設型で、耐震型の鉄筋コンクリート造で、しかも築2年～3年の建物であったことにより、被害は少なく、収益への直接的な影響はなかった。なお、N事業所は2004年度に1ユニット（9人）増やし、2ユニット（18名）の規模による経営により、収入を大幅に増やしている。

3－3－4　社会福祉法人とNPO法人との収益性の比較

　2003年度と2004年度の2期の決算書により、赤字事業所と黒字事業所ごとに社会福祉法人とNPO法人との法人別収益性の比較を行った。結果は次のとおりである。

（1） 法人別赤字事業所の収益性の比較

図表3-24　法人別赤字事業所の収益性の比較（2003年度～2004年度）

	2003年度			2004年度						
	NPO法人 A事業所①	社福法人 K・b事業所②	差 ①－②	NPO法人 B事業所③	NPO法人 E事業所④	平均 ⑤	社福法人 K・c事業所⑥	社福法人 O・c事業所⑦	平均 ⑧	差 ⑤－⑧
定員数(人)	9	8	1	9	9	9	9	9	9	0
職員数(人)	8	8	0	10	6	8	8	10	9	△1
事業活動収入(千円)	15,466	32,752	△17,286	37,603	35,257	36,430	38,810	37,643	38,227	△1,797
事業活動支出(千円)	17,390	39,627	△22,237	37,734	34,513	36,124	40,382	29,764	35,073	1,051
事業活動外収入(千円)	0	0	0	0	0	0	0	0	0	0
事業活動外支出(千円)	10	0	10	0	1,981	991	930	12,075	6,503	△5,512
国庫補助金等特別積立金取崩額(千円)	0	0	0	0	0	0	945	2,397	1,671	△1,671
経常収支差額(千円)	△1,934	△6,875	4,941	△131	△1,237	△684	△3,202	△4,196	△3,699	3,015
人件費(千円)	12,424	28,236	△15,812	22,197	24,895	23,546	32,611	21,158	26,885	△3,339
1人当り年間人件費(千円)	1,553	3,530	△1,977	2,220	4,149	3,185	4,076	2,116	3,096	88
人件費率(%)	71.4	71.3	0.1	58.8	72.1	65.5	80.8	71.1	76.0	△10.5
損益分岐点(千円)	17,490	40,696	△23,206	37,747	36,559	37,153	40,552	39,564	40,058	△2,905
損益分岐点比率(%)	88.4	80.5	7.9	99.6	96.4	98.0	94.0	95.1	94.6	3.5

	2カ年平均		
	NPO法人 A・B事業所⑨	社福法人 K・O事業所⑩	差 ⑨－⑩
定員数(人)	9	9	0
職員数(人)	8	9	△1
事業活動収入(千円)	25,948	35,489	△9,541
事業活動支出(千円)	26,757	37,350	△10,593
事業活動外収入(千円)	0	0	0
事業活動外支出(千円)	500	3,251	△2,751
国庫補助金等特別積立金取崩額(千円)	0	836	△836
経常収支差額(千円)	△1,309	△5,287	3,978
人件費(千円)	17,985	27,560	△9,575
1人当り年間人件費(千円)	2,369	3,313	△944
人件費率(%)	68.4	73.6	△5.2
損益分岐点(千円)	27,322	40,377	△13,056
損益分岐点比率(%)	93.2	87.5	5.7

　赤字事業所における、社会福祉法人の事業所とNPO法人の事業所を比較する。損益分岐点比率をみると、2003年度ではNPO法人88.4%、社会福祉法人80.5%、NPO法人の方が7.9%高い。2004年度においても、NPO法人98.0%、社会福祉法人94.6%、NPO法人の方が3.5%高い。筆者は赤字事業所でも損益分岐点比率、いわゆる安全率は、社会福祉法人の方が高いと予測していたが、結果は逆で、NPO法人の方が高い結果となった。

（2） 法人別黒字事業所の収益性の比較

図表3-25　法人別黒字事業所の収益性の比較（2003年度～2004年度）

	2003年度 NPO法人 C事業所①	2003年度 社福法人 O・b事業所②	差 ①－②	2004年度 NPO法人 C事業所③	2004年度 社福法人 O・b事業所④	差 ③－④	2カ年平均 NPO法人 C事業所⑤	2カ年平均 社福法人 O・b事業所⑥	差 ⑤－⑥
定員数（人）	9	9	0	9	9	0	9	9	0
職員数（人）	9	8	1	9	8	1	9	8	1
事業活動収入（千円）	37,244	37,210	34	38,357	38,065	292	37,801	37,638	163
事業活動支出（千円）	29,305	33,005	△3,700	34,730	31,200	3,530	32,018	32,103	△85
事業活動外収入（千円）	0	0	0	0	0	0	0	0	0
事業活動外支出（千円）	5,393	4,256	1,137	1,922	6,231	△4,309	3,658	5,244	△1,586
国庫補助金等特別積立金取崩額（千円）	0	2,380	△2,380	0	2,380	△2,380	0	2,380	△2,380
経常収支差額（千円）	2,546	△51	2,597	1,705	341	1,364	2,126	145	1,981
人件費（千円）	17,112	23,706	△6,594	18,237	21,202	△2,965	17,675	22,454	△4,779
1人当り年間人件費（千円）	1,901	2,963	△1,062	2,026	2,650	△624	1,964	2,807	△843
人件費率（％）	58.4	71.8	△13.4	52.5	68.0	△15.5	55.5	69.9	△14.4
損益分岐点（千円）	34,461	34,739	△278	36,495	34,850	1,645	35,478	34,795	683
損益分岐点比率（％）	108.1	107.1	1.0	105.1	109.2	△4.1	106.6	108.2	△1.6

※黒字事業所の選定は、2年連続黒字で、かつ同一定員規模の事業所とした。

　黒字事業所における、社会福祉法人の事業所とNPO法人の事業所を比較する。損益分岐点比率をみると、2003年度ではNPO法人108.1％、社会福祉法人107.1％、NPO法人の方が1.0％高い。2004年度においては、NPO法人105.1％、社会福祉法人109.2％、社会福祉法人の方が4.1％高い。同一事業でかつ同一規模の施設でありながら、社会福祉法人は、2003年度、2004年度の2期にわたっていえるが、建設時に国庫補助金が交付されたことにより、次年度において、国庫補助等特別補助金取崩額が収入に計上されている関係で、事業外支出が多くても、両法人の収支に差が見られなかった。また、社会福祉法人はNPO法人よりも、人件費では2期平均で27％、人件費率でも26％と高く、従業員一人当たり年間人件費では年間で843千円多く支給され、賃金面での格差が大きすぎることがわかる。労働者側とすれば、優遇してくれる事業所を選んでもやむを得ないのかもしれないが、だからといって、優秀な人材が社会福祉法人に集中しているわけではない。第2節で紹介したように、福祉保健医療情報ネットワーク（WAMNET）

上に公開されている高齢者認知症介護研究東京センターによる外部評価の受審結果によれば、顧客満足度への貢献はNPO法人の方が高い。賃金が安くても、顧客満足度が落ちているわけではない。職員の質の問題であると考えられる。

3－4　財務分析からの考察

　本章のテーマは、社会福祉事業におけるNPO法人の課題と展望と題し、特に、介護保険制度下における認知症グループホーム事業をとりあげ、NPO法人が今後とも経営を継続していけるかどうかを考察することであった。

　本節では、NPO法人の経営の安全性や収益性について財務分析によって考察したものである。

　安全性からみた場合、グループホームの建設資金や開業資金をどのように賄ったかが、開設後の施設経営の安全性を左右していることである。

　建設資金や開業資金の調達について、県内のNPO法人の場合、二極化している。営利企業等のオーナーが開設したところは、オーナーの自己資金のほかに、本業の企業からの繰入金（借入金含む）や金融機関からの借入金を充当している。営利企業等の経営を行っていないところは、開設代表者の自己資金と金融機関からの借入金で賄っている。借金が多額の場合、開設後の資金繰りがうまくいかず、流動比率や当座比率あるいは自己資本比率が安全圏域から下がってしまっている。

　一方、県内の社会福祉法人においても、シルバーサービス振興会の報告書や筆者のヒアリングからでも同じことがいえるが、国・県あるいは地元市町村の補助金と積立金による法人の「自己資金」、一部借入金により開設しており、大きく構造が異なっていることがわかった。

　県内の社会福祉法人の実態をみると、その事業所において当期決算で赤

字になっても、社会福祉法人全体やバックアップ施設からの繰入金などによって補填しており、上記の分析結果で示すように、短期的にも長期的にも安定した経営がなされているといえる。

このように、社会福祉法人とNPO法人の間で大きな格差があることが、実態としてわかった。

次に収益性からみた場合、両法人の同一規模で黒字法人同士の比較において、収入面で差はなかった。しかし、支出面で大きな差があった。それは、人件費、人件費率、職員一人当たりの賃金に大きな格差があったことである。

NPO法人が経営を継続していくということは、損益分岐点比率を100％以上に維持していくということである。黒字経営をしていくためには、社会福祉法人並みの人件費や人件費率と同一にすることは、赤字を覚悟しなければならない。経営を維持する上で避けるべきである。

収益性分析の結果、NPO法人が認知症グループホーム事業を継続していくためには、人件費や人件費率を極力抑えることが最も重要であることがわかった。そして、その余剰金を、借金という贅肉をとるために充当し、ひたすら健全経営に傾注していけば、継続的な経営は可能であることがわかった。

認知症グループホームの仕事は、NPO法人でも社会福祉法人でも同じであるが、NPO法人は賃金が安い。これは、実態的には事実といえる。それでは、低い労働条件のもとで、社会福祉法人と同じことをやるだけでよいのか。NPO法人が果たす役割とは何か。

前述の高齢者認知症介護研究東京センターによる外部評価の受審結果によれば、NPO法人はケアサービスや運営体制の分野で社会福祉法人よりも、優れていた。NPO法人は入居者のために、第２節で紹介したような制度の枠外の独自サービスをやっているからこそ、成果に差が出ていたといえそうである。これが、NPO法人に求めるものではないかと考えられる。

したがって、NPO法人は財務面において、安全性や収益性では、社会福祉法人よりも劣っている面を職員の資質によって、カバーし、顧客満足度を高めていくところに、その意義を見い出すことができる。

　本節では、NPO法人と社会福祉法人の両法人が経営する認知症グループホーム事業の財務内容について分析を行ったが、その結果、両法人の間に大きな格差があることが、実態としてわかった。ただ、分析によって、実態がわかればそれでよいのであろうか。制度や構造上において、問題があれば、それを是正して、同じ条件のもとで、市場原理による競争をすべきであると提言したい。同じ事業において、社会福祉法人に税制上や補助金等に優遇策があり、NPO法人にはないという問題は今始まったことではない。この問題から、まず着手すべきである。NPO法人が行っている認知症グループホームにおいて、外部評価の結果からもわかるように、特に顧客満足への取り組みは、他の法人よりも優れている。とすれば、なんとかNPO法人が、倒産に追い込まれない対策を講ずるべきではないかと考えられる。それは、政府だけに任せるのではなく、地域に根付いた認知症グループホームという観点からも、地域住民や地元市町村も支援すべきである。認知症グループホームは、地域で支える社会資源であることをもっと重視すべきである。

　最後に、これらの分析に使用した決算書や指標は県内の法人のもので、極めて件数が少ないことを最後にお断りしておきたい。

第4節 認知症グループホーム事業におけるNPO法人の課題と展望

　本節では、新潟県内の認知症グループホーム事業の経営実態をふまえ、同事業を経営しているNPO法人の課題と展望について考察する。

4-1　経営拡大上の課題

　県内のNPO法人においては、1ユニット9人規模の認知症グループホームでは、順調な経営を継続することは難しいといえる。増築できる敷地があれば、県の指導規模範囲内の2ユニット18人規模まで増床し、売上高の拡大をはかり、スケールメリットを目指すべきである。

4-2　有能なケアマネジャーの確保

　介護支援専門員（ケアマネジャー）は制度上の職員配置基準では必須となっているが、資格取得後にも県主催の基礎課程と専門課程の研修を受講しないと業務ができないため、この人材を確保することは困難といえる。そこで、確保の手段として、引き抜きなどが実際行われているのが現状である。しかも、ケアマネジャーの手腕によって、そのグループホームの命運を左右するといわれており、事業所にとっては、質の高いケアマネジャーの確保は重要課題のひとつである。NPO法人にとって、認知症グループホーム事業を継続していくためには、人件費や人件費率を極力抑えることが必要不可欠である。安い賃金で有能なケアマネジャーを確保することは、社会福祉法人以上に困難であり、大きな課題の一つになっている。

4-3　資金面の強化

　NPO法人が認知症グループホームを開設する場合、建設資金や開業資金の調達を、代表者の自己資金と借入によって、スタートした法人においては、借入金の多寡によって、経常経費を圧迫し、経営に支障がでている。

　認知症グループホームの建物は新築するか、既存の建物を借りるかのどちらかである。施設指定の基準を満たせば、借家でもよい。この場合、改修費としてある程度の経費は必要であるが、建設資金は小さく、あとは開業資金の調達確保に専念できる。新築の場合でも、県内の法人の例から、会員等の借入金によって建設し、建設後法人が賃貸で借りるやり方もある。この方法も、前述の個人で多額の借金を抱え込むことなく、経営にとっては健全である。

　今後、認知症グループホームの開設を考えているNPO法人においては上記のやり方を参考にすることによって、継続した事業展開を行うことができると考えられる。

　また、財源を確保するために、個人や会社などからの寄附が考えられるが、県内の認知症グループホームを経営するNPO法人は、どの法人も募金活動はされていない。

　建設資金や開業資金などの資金面の強化がNPO法人の課題の一つといえるが、その解決策としてどう取り組むべきか。

　NPO経営の教科書に沿えば、安定した財源の基盤を確保する上で、外部からの資金調達経路を広く太くすることが基本である。資金調達先としては、先ず補助金、助成金として、国・県・市町村等の補助金や助成金、民間助成団体からの助成金がある。次に、寄附金である。個人や会社などからの寄附であるが、小地域のエリアでは、多額の寄附を受けることが難しい。エリアを広くして募金活動を行う努力が必要である。さらに、広域的な寄附としては、共同募金の配分金があるが、福祉NPOへの配分を拡

大していくための対応について考えてもらいたい。

　法人の事業活動において、外部の資金調達によって行う場合、資金使途が限定されたものもある。補助金や助成金はそれに該当するものであるが、できれば、資金使途が自由で、安定性・継続性が期待できる寄附金収入を確保することによって、次の事業への投資費用として充当が可能になり、NPOの発展にもつながっていくことができる。

　それを実現するためには、NPO活動が公益性に即した活動を繰り返すことで、地域社会に貢献することが必要である。そのことによってメリットを享受した地域社会が寄附をするという関係を構築することができるものと考える。これと並行して、寄附をする人たちの寄附控除等の税制面の対応がなされていないので、その整備を早急に進める必要があると考えられる。

　介護サービス市場は今後とも競争原理の中で、激化していくことが推測される。その中で、生き残っていくためには、まず、組織基盤を強固にしておく必要がある。いわゆる、財政的に安定させることがもっとも重要である。借入金があれば、その返済財源をどうしていくのか、寄附で充当するのであれば、新しい寄附市場を開拓する必要がある。

　ところで、2006年5月より「新会社法」が新しくスタートした。新会社法では、「資本金1円でよい」、「取締役1人でよい」など、起業が簡単になった。NPO法人を開設して事業を行うことのメリットや意義は何か。

　株式会社の場合、資金調達において、上場のチャンスや一般的な融資に比べ有利な資金調達の可能性が大きい。筆者が行った調査結果から、新潟県内で認知症グループホームを経営するNPO法人は会員（社員）を広く集めて会費や寄附を集めていない。とすれば、株式会社として設立するほうが簡単といえる。NPO法人の場合、非営利事業のみ行う法人については、法人住民税が免除される場合があり、税制上の優遇面ではメリットの一つといえる。しかし、利益を社員に配当できず、特定非営利活動で上げた利

益は特定非営利活動のために充てることになっており、制度上の制約が多い。

以上のことから、介護保険事業の参入が法人格であれば、どんな法人でもよいことになっており、いずれNPO法人の参入は減少していくことも予測される。NPO法人の育成を施策として考えるならば、社会福祉法人と同様に税制上の優遇策の見直しを行うべきである。

4-4 NPO、行政、企業との協働

豊かな社会づくりは、行政のみの活動だけで達成されるものではない。制度的なものが優先され、隙間的分野はほとんどカバーされてこなかった。これまで、地域社会の隙間的分野をNPO活動によって、一部カバーされつつあるが、その活動について、あまり認知されてこなかった。今でこそ、新聞などのマスメディアで取り上げられているが、認知度が低いのが現状であり、NPO活動について行政、企業から、理解を深めてもらうことが最優先であると考える。

行政とNPOは、互いに特性を認識、尊重しながら対等なパートナーとして協力・協調し、社会的課題に対応することが求められている。これは、筆者が行ったアンケートのヒアリングからでも同様のことがいえる。

新会社法施行で事業型NPOが減少する可能性が予測されるなかで、既存の居宅介護サービス事業所を運営するNPO法人のさらなる充実をはかるには、行政がNPOを支援し、よりよい協働関係を構築していくという視点を持つことである。そして、行政の価値観でNPOを指導、誘導することがないよう配慮することが必要であると考える。

非営利・公益活動をNPOが継続的に展開していくためには、行政、企業、NPOの各々の役割を明確化し、整理することにより、NPOと共通する領域について、NPOへの事業委託など協働の推進に努めることが重要であ

る。そして、協働事業を推進するためには、相互の特性を認識・理解し、尊重しあうとともに、目的意識を共有することが重要であり、行政、企業とNPOとの意見交換の場や機会を設け、情報交換や提供のシステムの整備が必要である。

これからの分権型社会においては、住民のニーズのくみ上げが重要になってくると考えられ、行政がNPOとの協働ができるような仕組みや機会づくりを検討すべきである。

NPOの発展にとって、NPOは、行政との協働、企業との協働、そして三者の協働というように、柔軟な協働体制のもとに、それぞれの特徴を活かしパートナーとして協調していくことが重要であると考えられる。

NPOと行政や企業が協働事業を推進していくためには、NPOの特性を十分アピールしていく必要がある。また、NPOと行政の協働においては、広域領域の主体変換が図られていく必要がある。それを受け入れる自覚がNPO側に求められる。

4-5　NPO法人と社会福祉法人の経営上の課題

認知症グループホームの外部評価

認知症グループホームは、2002（平成14）年10月より、都道府県が選定した評価機関による外部評価が義務づけられている。2005（平成17）年7月1日現在、新潟県内の認知症グループホームの開設数は93カ所である。このうち、2004年度〜2005年度に「高齢者認知症介護研究東京センター」から外部評価を受審したグループホームは75カ所である（図表3-26）。

事業者は、外部評価の結果を有効に活用することにより、ケアサービスや運営体制などの改善につとめ、より質の高いサービスを提供することが可能になり、顧客（利用者）の満足度を高め、売上高の増大をはかることができる。外部評価の結果を開示することによって、事業所を選択しよう

図表3-26　新潟県内の認知症グループホーム外部評価受審法人別集計

法人別	開設数	受審数	受審率(%)
社会福祉法人	47	39	83.0
NPO法人	14	11	78.6
生活協同組合	1	1	100.0
医療法人	9	9	100.0
営利法人	22	15	68.2
合　計	93	75	80.6

(出典)独立行政法人福祉医療機構「WAMNET認知症グループホーム外部評価情報」より作成

としている利用者や家族は、有力な比較検討情報となり、また、在所している入居者も入居している事業所の内容や他の事業所の内容を知ることができる。一方、高い評価を得ている事業所は、介護サービス市場での優位性を維持することができる[15]。今後、この外部評価がランク付けやサービスの品質と評価を加えた事業評価として、有効活用できるようになった場合、事業者の優劣の判定が可能となり、介護サービス事業者の命運を左右することになる。

　そして、事業者間の競争が、なお一層激化することによって、サービスの質も向上し、利用者の満足度も高まるなど相乗効果が期待できる。

4-6　組織の強化

　県内の認知症グループホームを開設しているNPO法人について、筆者は実地調査を行ったが、NPO法人設立後に会員との間で、今後のビジョンなどの話し合いが非常に少ないことがわかった。法人の理事だけが会員というところもある。NPOの組織を強化するうえで、ぜひとも会員を増やすための努力が必要であり、課題ともいえる。

---

[15]　森宮（2004）、p.93。

組織の役員がミッションを共有化し、外部に向かって明らかにすることはもちろんであるが、活動について明確なアカウンタビリティを果たしてこそ社会的支持が集まり、ボランティアの人が来るし、寄附も集まると考えられる。また、社会的ニーズのマーケティングなどにも力を入れていかないと、事業の継続や拡大が難しいと考えられる。

さらに、認知症グループホーム入居者の家族や地域住民との交流も積極的に行っていくことによって、地域からの信頼感も高まっていくといえる。

事業型NPOの今後の展望を考えると、現在行っている事業活動の展開だけで終わってはならない。必要なのは多機能型の事業活動である。利用者のニーズに応じ、小規模な形で複数の事業活動を一体的に運営できるようにすることにより、身近な地域において、多様なサービスの提供体制を確保するとともに、利用者の選択肢の幅を拡大することが期待できる。

参考文献

安立清史(2003)「介護系NPOとは何か」田中尚輝・浅川澄一・安立清史編『介護系NPOの最前線』ミネルヴァ書房,第2章.

天野隆(2004)『決算書は3つの数字で読みなさい！－10分間で読みとる会社の成績表』中経出版.

片野勉(2006)「社会福祉事業におけるNPO法人の課題と展望－介護保険制度下における認知症対応型共同生活介護事業運営からの考察－」新潟大学大学院現代社会文化研究科修士学位論文.

川原邦彦(2001)『川原邦彦の福祉経営Q&A』全国社会福祉協議会.

坂本文武(2004)『NPOの経営　資金調達から運営まで』日本経済新聞社.

シルバーサービス振興会編(2002)『デイサービス・ショートステイ・認知症高齢者グループホームにおける実態調査事業報告書』社団法人シルバーサービス振興会.

田中尚輝(2003)「NPOと介護保険法」田中尚輝・浅川澄一・安立清史編『介護系NPOの最前線』ミネルヴァ書房,第1章.

中央青山監査法人(2004)『社会福祉法人のための財務診断～介護保険施設・支援費対象施設のケーススタディ』全国社会福祉協議会.

森田松太郎(2002)『ビジネス・ゼミナール 経営分析入門』日本経済新聞社.

森宮勝子(2004)「介護ビジネス研究(Ⅳ)－介護サービスの第三者評価を中心に－」経営論集　第14巻第1号，文京女子大学総合研究所.

第4章　雛人形と町屋で地域活性化
―― 新潟県村上市の市民活動 ――

澤村　明

第1節　はじめに

　新潟県村上市では、商家の若手後継者たちが集まって2000年から、旧家の所蔵する雛人形などの人形を伝統的な町屋の中で展示している[1]。来訪者は年々増え、このイベントが地域の活性化につながっていると言われている。関係者によれば2001年には5万人が来訪し約2億円の経済効果があったとされている。しかしながら、その金額は「一人あたり1カ所で千円を使って4カ所ぐらい訪れるから」という掴みの数字であり、経済効果を論じるには精査が求められよう。

　本章では、その活動について紹介するとともに、2002年に来訪者にアンケート調査を行った結果をもとに、その経済効果の精確な把握を試みる。また、このまちおこし活動の将来への課題などについても言及したい。

---

[1] 町屋（まちや）とは、江戸期〜戦前までに伝統的工法で作られた都市型住宅をさし、多くが店舗兼用住宅である。建築史などの分野では「町家」と表記されることが多いが、村上地域では「町屋」と使われているので、本章でもそれにならった。

第2節　既往の研究など

　文化施設や観光地、イベントなどの経済効果について話題になることは多いが、その学術的研究はそれほど多くない。特にイベントの経済効果については、たとえば阪神タイガースが優勝すれば何億円とか、サッカーワールドカップ日韓共同開催の経済効果が何兆円という数字がマスコミを賑わせるものの、それらはシンクタンクなどによる予測値の報道がほとんどである。これらは、入込数を設定し、一人あたりの宿泊費や飲食費などの各種消費金額を推定し、それぞれの人数分を直接消費部分とし、その地域の産業連関分析をもとに部門ごとに乗数効果を考慮して産出した生産誘発額を「波及効果」として計算しているらしい[2]。そうした推計に関しては、日本観光協会（1999）が出版されている。これは自治体の観光行政部署を対象にした、簡単なアンケートを行って産業連関分析をベースに都道府県及び市町村での経済効果・波及効果を算出するマニュアルであり、表計算ソフトExcel用のテンプレートが付録になっている。今後はこのマニュアルに沿った推計方法に標準化されていく可能性がある[3]。

　学問分野としては、観光学、地域経済学、地理学などのフィールドでの調査が考えられるが、それらの分野で研究論文として取り上げたものは少ない。観光地などの経済効果をアンケート調査をもとに推計しようという試みについてはいくつかの先行研究がある。たとえば、佐渡観光の地域経済を取り上げた工代ほか（1986）は、アンケート調査と乗数効果を用いた推計である。文化遺産の経済効果について論じたものとしては、澤村（2002）が吉野ヶ里効果の検証、澤村（2006）が三内丸山遺跡の経済効果分析を行っているほか、歴史的街並みにおける観光消費の実証を試みた、澤村（2003）、

---

[2] 現在、インターネットなどで見られるものとして、日本銀行長崎支店「「祭り」の経済効果について」（http://www3.boj.or.jp/nagasaki/maturi.htm）などがある（2007年5月21日現在）。
[3] ただし、同テンプレートを筆者の環境で試したところ、うまく動作しなかった。

垣内・林（2005）がある。

　その他、類似の分析として、文化遺産や文化施設の価値をトラベルコスト法（TCM）やCVMなどによって測定しようとする一連の研究がある[4]。国内の古典的な分析としては、トラベルコスト法によるアンケートから産業連関分析を用いた推計を紹介した、国立民俗学博物館を取り上げた梅棹（1983）がある。トラベルコスト法の実例としては他に、公園の価値を検証した中谷・出村（1997）があげられる。CVMは自然環境の経済価値評価や公共事業評価に用いられる事例が多いが、文化遺産に応用した実例としては、垣内・吉田（2002）、垣内・西村（2004）が、世界遺産になった富山県五箇山の合掌造り集落の経済的価値について来訪者へのアンケートから推計を行っている[5]。

　海外の研究としては、TCMの研究事例としては、米メリーランド州セント・メリー市の歴史地区を取り上げた、Poor and Smith（2004）が挙げられる。CVMを中心とした文化遺産などの価値評価事例については、Navrud and Ready ed.（2002）が収集している。12本のケーススタディを収録するほか、先行調査事例として27本を概括している。

　本稿では、経済効果などを測定するのにアンケート調査による直接支出法をとった。「城下町村上・町屋の人形さま巡り」に関しては、来訪者の金銭支弁が行われており、実際の「経済効果」が生じている。また開催形態・人数などの条件からもアンケート調査によって実態に近い経済効果を測定可能だからである。

---

[4] CVMなどの推計方法が妥当であるかどうかの議論はあるが、現在では一定の制約はあるものの、おおむね有効な手法であるとされている。参照、Throsby, D./中谷・後藤監訳（2002）pp.134-135など。
[5] 垣内・吉田（2002）、垣内・西村（2004）は垣内（2005）として再構成の上、出版されている。また垣内・西村（2004）と同名の垣内恵美子論文が2002年度日本都市計画学会論文奨励賞を受けている。

第3節　村上市の概要

　村上市は新潟県の最北部に位置し（図表4－1）、人口は31,758人（2000年度国勢調査による）であるが、後背地にあたる岩船郡も合わせると、都市圏の人口は約8万人となる。そのため、新潟では県北地域の主要都市とされており、羽越本線の特急列車も停車する。

　その歴史は戦国時代までさかのぼり、豊臣秀吉の時代に村上氏が治めるようになったために、「村上」と名付けられたという。その後、何度か支配者が交替し、1721（享保6）年に譜代の内藤氏が入り、明治まで5万石の藩を治めた[6]。ちなみに皇太子妃小和田雅子の父祖は内藤藩士であったことも、地元では歴史的由緒の一つとしている。

　特産品は、商業栽培としては北限とされる村上茶、世界最初の人工孵化を行ったとされる鮭の加工品、村上牛などが新潟地方では知られている。

図表4-1　新潟県村上市の位置

2002年当時。現在は自治体合併により大きく変わっている。
（出典）http://aoki2.si.gunma-u.ac.jp/map/map.html より作成

---

[6] 現在の村上市域以外に新潟県三条市周辺などの領地も含む。なお、2008年4月に周辺町村と合併したが、本章では2002年の調査当時に従って記述している。

文化・観光資源としては、重要文化財に指定されている武家屋敷などの文化遺産、特産の鮭に関する展示施設、瀬波温泉、岩船地区の鮮魚センターがある（図表4－2）。行政当局としても歴史的遺産の保全施策を講じており、2000年4月には歴史景観保全条例を制定し、旧武家屋敷地区を6地区指定している。

中心市街地の商店街はいわゆる町人地であり、伝統的な町屋が一部に遺っている。遺っている理由としては、まず村上は戦災にあっていないことがあげられる。また消極的ながら大きな理由として、中心市街地の主な街路は都市計画道路として拡幅計画の対象となっていることがある。対象地区では、都市計画法の規制によって鉄筋コンクリートの固い建物はセッ

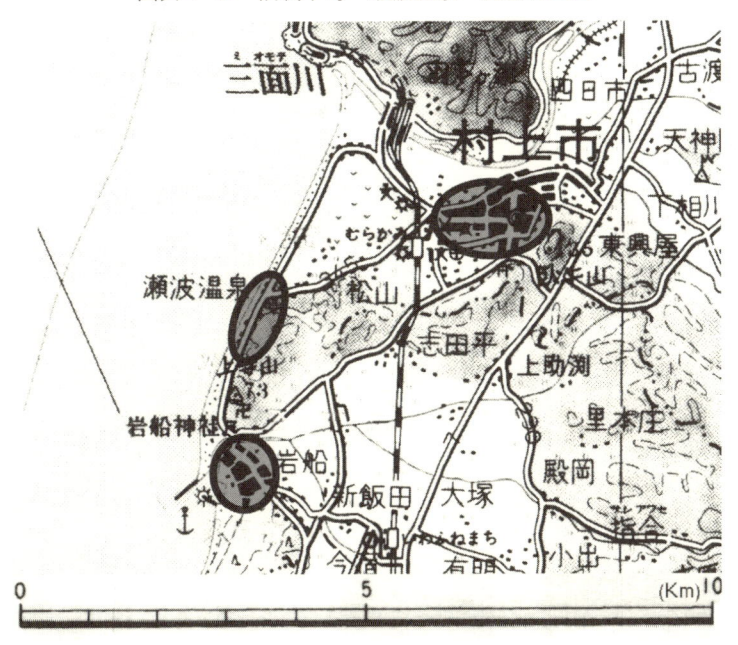

図表4-2　旧城下町・瀬波温泉・岩船地区図

（出典）国土地理院20万分の1「村上」より作成

トバックしなければ建てられないため、建て替えると店舗が狭くなってしまう。それならば古い木造建築のままで残したほうが店舗が広くとれるという判断である。ただし道路拡幅事業も順次実施されているため、拡幅対象部分の町屋の将来的な存亡は不明である。

　市の統計では平成12年度の観光客は延べ153万人強である。うち瀬波温泉への来訪者が55万人、岩船港の鮮魚センターが35万人集めており、これらが２大観光地である。旧城下町地区はさほどではなく、鮭の展示施設「イヨボヤ会館」には年間12〜13万人の来訪者があるほか、郷土資料館への入館者が４万５千〜５万人程度、例年７月６・７日に行われる村上大祭では「おしゃぎり」と呼ばれる山車が何台も旧城下町を練り歩き、これを見に来る観光客は５〜６万人と推計されている（図表４−３）。

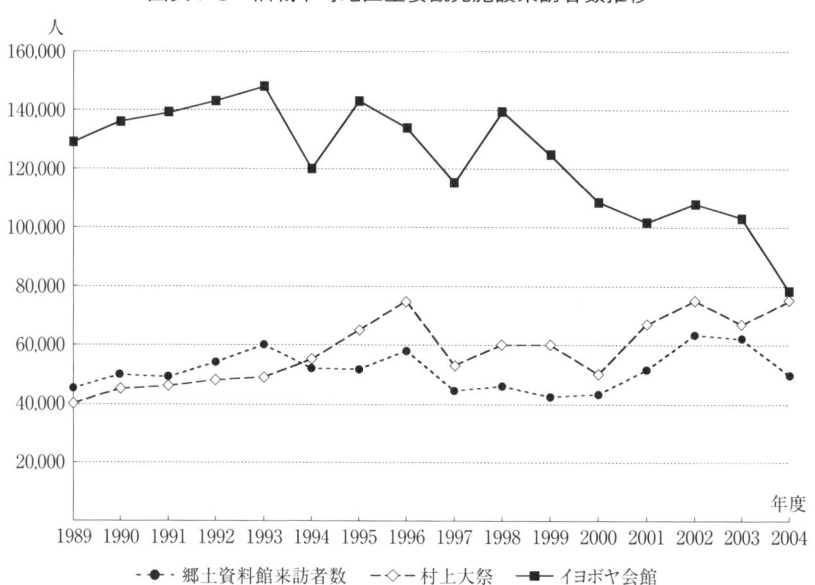

図表4-3　旧城下町地区主要観光施設来訪者数推移

- ●- 郷土資料館来訪者数　-◇- 村上大祭　-■- イヨボヤ会館

（出典）村上市統計より作成

第4節 「人形さま巡り」について

　前史としては、「村上町屋商人（あきんど）会」の設立から始まる[7]。旧城下町の商店街は他の都市と同じように、中心市街地としての地盤沈下が激しかった。県が3年に一度まとめる広域商圏動向調査で、村上市民が選んだ「商品を良く買う場所」は、中心市街地が1989年には12.5％であったのが1998年には3.7％に低下し、逆に郊外型ショッピングセンターが18.3％から31.4％に増加している[8]。中心市街地の活性化を願う22店舗の若手たちは、福島県会津若松市の會津復古会を参考に[9]、1998年に同会を作り、町屋の店と見所を紹介する「村上絵図」という地図を作製した。

　その後、会のメンバーが各地で雛人形祭があることに興味を持ち、特に福岡県吉井町が雛人形の展示で人気を呼び、ついには店舗を古風に改装し戻すようになったという事例に注目したという[10]。メンバーの店の多くで雛人形その他の人形を所有していると分かり、展示して人を呼ぼうと1999年秋から準備を始めた。2000年3月のほぼ1カ月間に開催された、第1回「城下町村上・町屋の人形さま巡り」では、町屋商人会以外の店舗も参加し、60軒の町屋に約3,000体が並んだ（図表4-4）。参考とした吉井町は約20軒ほどなので、大きく上回る参加数である。男雛・女雛だけの簡単なものから、旧藩主内藤氏から譲り受けたという江戸期の何段もの豪華な雛人形、あるいは戦前の商品宣伝用のキャラクター人形など、さまざまな人形が展示された。

　宣伝のために、東京渋谷のNHK本社まで赴くなど、各種マスコミに働きかけたところ、新潟地域の民放4局全てが取り上げたほか、地域紙であ

---

[7] 人形さま巡りが実現するまでの経緯などについては、吉川（2004）が詳しい。本稿でも多くを負っている。
[8] 日本経済新聞2001年3月7日「新潟経済」欄。
[9] 會津復古会は会津若松の老舗商店を中心に、古い店構えともてなしの心を守ろうと1971年に結成された協同組合。
[10] 吉井町は2005年3月に隣接の浮羽町と合併し、うきは市となった。

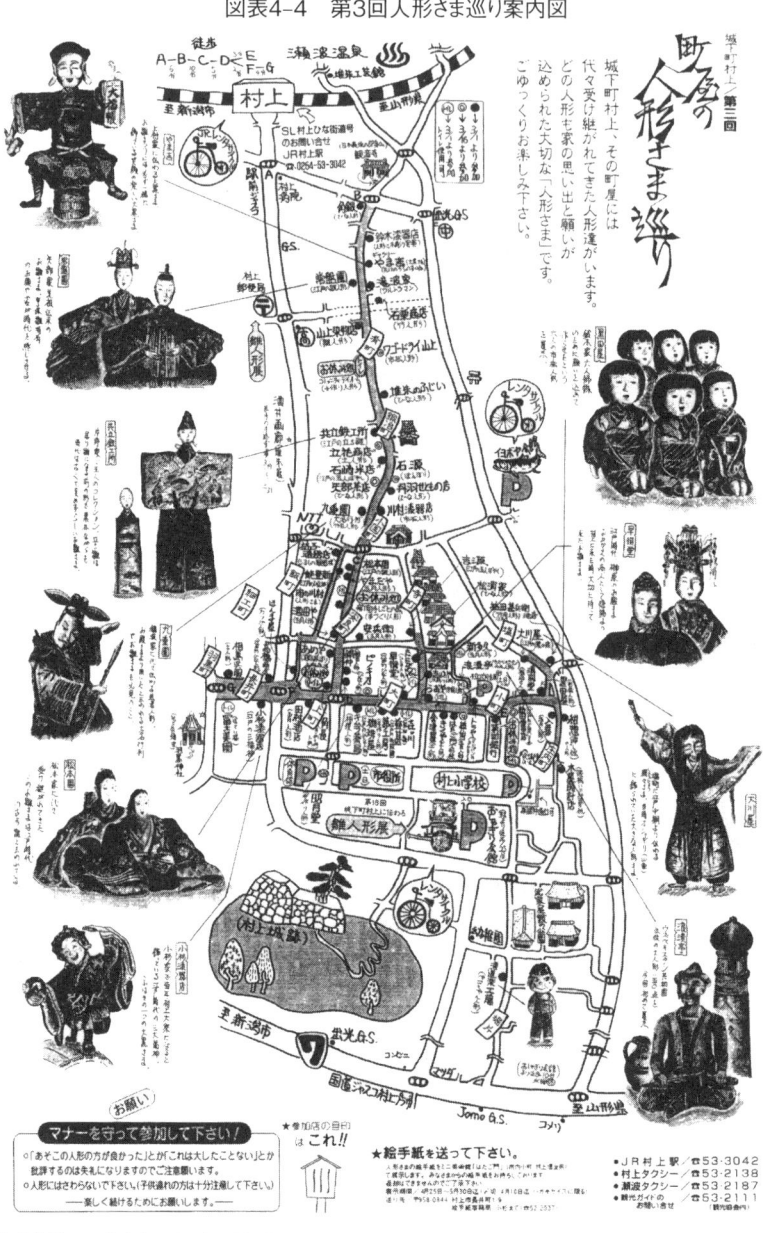

図表4-4　第3回人形さま巡り案内図

(出典) 第3回町屋の人形さま巡りポスターより

る「新潟日報」や全国紙でも取り上げられた。その結果、約3万人が訪れた。一方経費は、人形さま巡りのための地図、ポスターの制作費など35万円であったという[11]。もっとも、このような若手の活動に対しての反発もあり、町屋商人会の主要メンバーの気苦労もそれなりにあったとのことである。

　この活動は新潟地域で評判となった。新潟県異業種交流センターでは毎年、新潟県内の注目に値する地域おこし団体活動に対して三つを選んで大賞を出しているが、「城下町村上・町屋の人形さま巡り」は、その2000年度の大賞に選ばれた上、翌2001年度に過去9年間の受賞団体の中から最優秀団体として「ベストオブベスト賞」を与えられている。

　村上の雛人形展示には、もう一つの素地があった。村上市郷土資料館は、主な展示物として村上大祭の「おしゃぎり」を展示していることから「おしゃぎり会館」とも呼ばれているが、冬季に来館者が減るために、1985年から例年3月に、市内の旧家から預託された雛人形を数セット展示していた。この展示には例年2,000～3,000人が訪れており、リピーターが多かったという。あるリピーターは館員の質問に対し「毎年3月になると、村上の雛人形に呼ばれている気持ちになってくるのだ」と答えており[12]、雛人形には独特の魅力があるようだ。

　人形さま巡りの成功は村上でもさまざまな効果を呼んだ。地元の住民には見飽きた風景にすぎない古い町屋に、人がやってくるのだ。地元住民は、古くさく不便と思っていた町屋の価値を再認識することになる。また、人形を展示した町屋では、請われて人形の由来などを説明するのは、高齢者であった。これまで引き込もっていた高齢者が来訪者を応対することに生きがいを見出す。これは市の福祉部局も評価したという[13]。町屋が観光資源となることに気付き、2000年には4軒の店舗が町屋風に改装して新規開

11　吉川（2001）。
12　桑原猛・村上市郷土資料館専門員の談、2001年5月12日。
13　吉川の談、2001年5月12日。

店し、使わなくなって閉じていた囲炉裏を再び使うようになった町屋店舗も出てきた。町内には今後も町屋風に改装しようという計画があり、さらにはかつて中心市街地の店舗を閉めて郊外に出店した経営者が、再び中心市街地に店舗を戻す例も出てきたという[14]。

2001年・2002年にも、第2回・第3回と開かれ、それぞれ約5万人、7万人が来訪している[15]。活性化につながるイベントが年に一度では物足りない、ということで2001年秋には、「町屋の屏風まつり」という新企画が始まっている。これは、伝統的な祭りである村上大祭のときに、旧家では表座敷に屏風を出して、おしゃぎりの巡行を見学するのがならわしであったため、さまざまな屏風が残されている。それを秋に一斉に展示するという催しである。

また2002年の第3回開催に合わせ、JRでは新潟・村上間にSL列車を走らせるなど、地元以外でも人形さま巡りに連係した動きが出てくるようになった。

---

14 同上、および2002年8月24日。
15 後述のように、2003年の第4回以降は来訪者数を公表していない。

第5節　人形さま巡りの経済効果測定

　町屋商人会の推測では、2001年に約5万人が来訪したことによる経済効果は約2億円だという。だいたい、一人が3カ所ほどでそれぞれ1,000円ぐらいの土産物を買い、かつ1,000円ぐらいの飲食を行う。すなわち一人あたりの消費額が4,000円で5万人、合計2億円とのことである。ちなみに人形さま巡りの期間、喫茶店は通常期の5倍の来客、ガソリンスタンドは1.5倍ほどの売上だったとされている[16]。

5－1　アンケート調査の概要

　2002年に開催された第3回「町屋の人形さま巡り」に併せ、来訪者に対して行ったアンケート調査の調査方法は下記のとおりである。

　　期間：2002年3月1日～4月3日（「町屋の人形さま巡り」全期間）
　　場所：村上市内
　　方法：5店舗に依頼し、各200枚のアンケート票を留置（合計1,000票）

　期間終了後466票を回収した（FAXによる返送3票を含む）。留置した5店舗のうち1カ所ではアンケートが行われなかったため、実質は800票に対し58.25％の回答があったことになる。質問項目は以下のとおり。
　来訪者の居住地／人数／交通手段／旅行日数／宿泊地／消費金額（交通費・土産費・飲食費・宿泊費）／いつから知っているか／情報源／道路拡幅の賛否／道路拡幅に伴う町屋除却後の見学意欲／自由意見
　主なアンケート結果は以下のとおりである。

16　吉川の談、2001年5月12日。

１）来訪者の居住地

　79.76％が県内からの来訪者であった。

２）交通手段

　県内客は65.19％が自家用車・レンタカー利用であり、県外客は60.24％が主として鉄道・バス利用であった。

３）旅行日数

　全体の29.76％は宿泊を伴う旅行である（県外客に限ると89.87％が宿泊）。宿泊者の88.16％が瀬波温泉を中心に村上市内に宿泊する。

４）消費金額

　一人あたりの支出金額は図表４－５のとおり。なお宿泊か日帰りかで分類すると、宿泊客で平均20,250円、標準偏差17,890.76円、日帰り客で平均5,966円、標準偏差3,391.04円であったが、t検定上は有意な別グループと見なせなかった[17]。

５）情報源

　県内客はテレビ・新聞・「知人から聞いて」知っているが、県外客は知人から聞いたという回答が多かった。

６）道路拡幅・町屋への印象

　拡幅予定のある道路の幅員については現状のままがよいという回答が

図表4-5　人形さま巡り来訪者の費目別支出金額

種別	交通費	土産費	飲食費	宿泊費	一人当たり合計消費金額
サンプル数	298	272	259	75	378
平均値	3,449.82	2,727.31	1,619.97	8,751.76	6,335.07
中央値	1,130	1,500	1,000	8,000	2,500
標準偏差	7,664.17	4,304.30	1,575.98	6,100.26	11,920.86

17　宿泊客・日帰り客以外に、県内からか県外からかという分類も可能であるが、どちらもt検定で有意な結果はえられなかった。

87.2％、町屋がなくなっても人形を見に来るという回答は41.9％に留まり、現在の街並みへの関心が高かった。

5−2　アンケート結果の分析

　全体的に見て、県内からの来訪者と県外からの来訪者で傾向が分かれている。

　まず、来訪者の居住地であるが、2000年の第1回では県外客は約15％であったといい[18]、2002年には20.24％と増加している。人数で見ると、2000年の4,500人から2002年には1万4,000人と3倍増である。情報源を見ると、県外客は「知人から聞いた」というのが多く、口コミで広がったと見てよい。地理的分布では、北海道、四国、九州からの来訪者もあって、ほぼ全国的である。また2002年でのリピーター率は23.9％であり、2001年から2002年で来訪者が5万人から7万人に増えたことを加味すると、2001年の来訪者の3分の1が2002年にも訪れていることになる。さらに5％は人形さま巡りが始まる以前の、おしゃぎり会館での展示のころから来訪していると答えており、根強いファンの存在がうかがわれる。

　交通手段としては、県内客は自動車利用が多く、県外客は鉄道の利用が多い。第3回の受入側の印象として、バスツアーが増えた、という声があったが、バス利用者は27組362人あり、平均すると1組あたり13人であるから、バス利用の団体客が存在することを裏付ける。

　旅行日数は、県内客は82.8％が日帰り、県外客は89.87％が宿泊する。宿泊者の88.16％が村上に宿泊する。

　一人あたりの消費金額は、平均6,335円であった。5節で述べた、町屋商人会の推計よりも大きい。この計算値は小さめに出ている可能性が高

18　吉川の談、2001年5月12日。

い[19]。各消費金額についても、県内客より県外客のほうが一律に金額が大きかった。交通費が大きいのは当然であるが、土産費なども高く、遠距離から訪れる来訪者のほうが消費が旺盛であるといえる。ただし、注17で記したように日帰り・宿泊あるいは県内・県外で消費金額に有意な差は見られなかった。

情報源としては、県内では「テレビ・新聞」が多かった。町屋商人会では第1回から県内マスコミには強くPRしており、その効果が生じていると見てよい。特に新潟県下では、地元紙の「新潟日報」が県内世帯数の6割近くが講読している計算になるから[20]、ニュースソースとしての役割は大きい。一方、県外では「知人から聞いて」がもっとも多く、県内マスコミの比重が際だつ。

最後に、3節で触れたように、人形の展示が行われている町屋の多くが、道路拡幅の計画にひっかかっている。その道路幅員について尋ねたところ、87.2%が現在の道路幅員で充分と答えており、さらに拡幅によって町屋がなくなった場合、23.14%が来ないと答え、35.26%がわからないと答えている。「わからない」組の半分は来ない可能性があるとすると、道路拡幅した場合、来訪者は4割減と予想される。特に県外客に限ると町屋がなくなったら来ないという回答が38.18%に昇るため、支出の大きい県外客のほうが大きく減ることは経済的ダメージになるであろう。

自由意見欄への記入は234件、うち192件は感動や感謝（うち応対に関するものが43件）、要望・提言的なものが22件、町屋についてが12件、道路拡幅についてが4件、その他4件であった。

---

19 アンケートでは、グループあたりの交通費・土産費・飲食費・宿泊費を尋ねている。ところが記入金額からは一人あたり金額と思われる額が散見され、それをグループ人数で割るために、過少な金額が導かれる。宿泊費が一人あたり5千円未満という回答が少なくないが、村上には一人5千円以下で泊れる宿はない。一方、大きめに出る要素として、各消費金額が0円という訪問者も存在するはずだが無記入と区別できず、全て無記入として計算から除外されてしまう。このように、上方修正要素と下方修正要素の両方が存在することから、相殺的に単純集計値を用いる。
20 2002年末現在で、新潟県の世帯数は約80万戸、新潟日報は公称50万部である。

第6節　人形さま巡りの経済効果

　2002年の来訪者数は7万人とされているので、アンケート結果からこの人数での直接支出の推計を試みる。

　まず村上市内での支出を推計する。土産費と飲食費はほぼ全額が村上市内と見ていいだろう。ただし来訪者全員が土産を買い飲食を行うのではないので、何らかの支出費目を回答した回答数に対するそれぞれの費目の支出回答数が、土産費と飲食費を支出した人の割合と見る。それぞれの平均値は2,727.31円と1,619.97円であるから：

　土産費：70,000人×(272/378)×2,727.31円＝約137,376,000円（千円未満四捨五入、以下同じ）

　飲食費：70,000人×(259/378)×1,619.97円＝約77,699,000円

　さらに宿泊費の村上市内分が寄与する。宿泊すると答えたのは29.76％、そのうち村上市内に泊まると答えたのは88.16％であり、平均値は8,751.76円であるから：

　宿泊費：70,000人×29.76％×88.16％×8,751.76円＝約160,730,000円

　これらを合計すると、村上市内での直接支出は3億7,600万円弱である。

　次に新潟県内での支出としては、村上市内での支出に加えて、県内客の交通費と村上以外の県内宿泊費が加わる。県内客の割合が74.58％、交通費の平均値が3,449.82円、村上以外の県内宿泊者は8.12％であるから[21]：

　交通費：70,000人×74.58％×3,449.82円＝約180,101,000円

　宿泊費：70,000人×29.76％×8.12％×8,751.76円＝約14,804,000円

　村上市内の支出と合わせると、新潟県内での直接支出は5億7100万円弱である。

　これに県外客の交通費と新潟県外の宿泊費を足せば総額となる。この県

21　その他、新潟県外での宿泊という回答もあった。

外支出を同様に計上すると8400万円になり、県内部分と足すと約6億5500万円である。

　なお、平成12年度の新潟県産業連関表から推計される新潟県内での生産誘発額は、県外への移出分を除いて、土産費が約1億7800万円、飲食費が約1億100万円、交通費が2億6200万円、宿泊費が2億4100万円、合計7億8200万円となる[22]。2億1100万円ほどのいわゆる「経済波及効果」があったと推察できる。

　統計によれば村上市の小売業の年間商品販売額は1997年度で501億円である。4節で紹介した広域商圏動向調査では中心市街地の割合が3.7％であるから、単純に計算すれば18億5000万円強となる。この一帯で支出されたであろう土産費・飲食費が2億1500万円と推計され、この地区の年間販売額の11.62％にあたる。

　ただし、第3回の来訪者数7万人については、実数はさらに多いようだ。この人数は各店舗に置かれた芳名帳に記名した者を名寄せしたものであり、新聞報道では10万人を超えると見込んでいる[23]。また上記の推計では金額の小さい側に転んでいる可能性が高いので、この両者を加味すると、実際にはさらに大きな経済効果があったと考えられる。

22　平成12年度新潟県産業連関表逆行列（開放）の列和から、土産費と飲食費は商業部門（1.298381）、宿泊費は対個人サービス部門（1.375058）、交通費は運輸部門（1.454943）を用いて計算した。

23　新潟日報2002年3月14日付。参照、http://www.niigata-nippo.co.jp/kokyo/kokyo-0314.html（2006年4月5日現在）。

第7節　観光地化への展開

　人形さま巡りが継続的に開催されたことに関連して、村上市内では新たな動きが出てきた。まず、コンクリートブロックの塀を城下町らしい昔ながらの黒板塀の景観に戻そうという運動「黒塀プロジェクト」が2002年2月から始まった。黒塀1枚1,000円の寄付を募り（寄付者の名前は一角に表示される）、とりあえず既存ブロック塀に黒板を張る簡易工法で雰囲気を醸し出そうというのである。

　2002年度には日本ナショナルトラストが村上の町屋や武家屋敷などの文化遺産を対象とした観光資源保護調査を行っている。2003年には、こうした取り組みの当事者が記したシナリオを元にした「人形さまのまちおこし」というテレビドキュメンタリーが新潟の放送局で作成され、新潟県内での放映の後、他県でも放送され、ビデオとしても販売された[24]。

　また、近代的な外装にした店舗を町屋風に改装し直す事業に対して工事資金を融資するための市民基金である「むらかみ町屋再生プロジェクト」も発足し、会員からの会費などを集め、2004年6月には第1号が改修を終えてオープンし、2006年3月の第7回の人形さま巡りまでに3件の町屋が復元された。

　一連の市民活動は全国的にも評価されるようになり、2004年には地域づくり総務大臣賞を受賞し、キーパーソンである吉川真嗣は2004年に観光カリスマ百選に選定されている。旅行ガイドや観光学のテキストにも村上が取り上げられるようになった[25]。

　こうした市民活動を受け、村上の経済界でも観光化を視野に入れるようになった。2004年には、観光地活性化に取り組む民間活動を支援する国の

24　このシナリオを大幅加筆したものが吉川（2004）と見ればよい。
25　旅行ガイドとしては、『日本の町100選　小さな町・小さな旅　関東・甲信越』山と渓谷社（2006）。観光学テキストは佐々木（2008）のpp.180-183に「町並み観光の展開」事例として紹介。

観光ルネッサンス補助制度の受け皿として、NPO法人村上観光ルネッサンスの設立準備に入り、翌2005年9月に認証を受け、正式にスタートしている。シンポジウムなどを開催するほか、新潟空港と村上間に乗り合いタクシーを運行したり、人形さま巡りや定期市にあわせて、村上駅・市街地・瀬波温泉を巡るシャトルバスを運行するなどの事業を行っている。

第8節　地域の課題

　この観光効果を今後とも持続させるにあたって、課題が4点ほどあげられる。

　まず、この人形さま巡りの舞台となる町屋のほとんどが、道路拡幅にかかっていること。5－2節で示したように、道路が広がれば来訪者は減少することは確実である。特に、県外客が減ることは経済的ダメージも大きい。この問題にどう対処するかは、今後、中心市街地が村上地域の住民相手の商店街として生きていくのか、観光客を相手にするのか、その将来像の描き方によるだろう。ただし、4節で紹介した調査からも、住民相手としての未来は苦しい。もっとも、前節のように観光化の動きが一部の市民活動だけでなく広がりを見せるようになったため、新潟県・村上市では、道路拡幅の一部中止を検討中である。具体的には、図表4－4で黒く塗られた逆T字型の街路のうち、右下の横棒部分は拡幅から外れたようだ。

　次に、第3回になって見られたこととして、ツアー客の発生がある。第1回・第2回では、住民が観光客に由来などをじっくりと説明し、そうしたふれあいが、まちの活性化にもつながるという評価があった。アンケート調査の自由記入欄でもそうしたふれあいへの評価が43件あった。これに対しツアー客は、個々の展示をゆっくりと見ることはなく、双方に不満が残ったようだ[26]。経済的に見てもツアー客は旅行代理店の収益にはなっても、地元での消費は小さい傾向にある。ツアー客にどう対処するのかも課題である。

　三つ目として、第3回まで順調に拡大してきた人形さま巡りであるが、このまま大きなイベントになっていくことがよいのか、という問題もある。これは町屋商人会でも理解しており、たとえば第3回の来訪者数を7万人

26　村上商工会議所でのヒアリング、2002年4月3日。

と実際より低く公表しており、人数が増えたことを宣伝するのではなく「今年も大勢の人に見てもらった」と「ふれあい」を大切にする心構えでいる。この方針に基づき、2004年の第4回以降は来訪者数を公表していない。

　また、2005年あたりから顕在化してきた問題としては、いわゆる「観光公害」的なクレームがある。2006年までに声となって出てきたのは、一つは観光客による交通問題である。地元紙に「町屋と呼ばれる旧家や、特産品に携わる人だけが、村上に住んでいるわけではないということを、関係各位にご認識いただきたい」という投書があり、町屋商人会でも対処する旨の返答を行っている[27]。また、中心市街地に立地する小学校の境界フェンスが古くなったために、その更新に際して黒塀風のものにすることを村上観光ルネッサンスが計画したところ、PTAから防犯上好ましくないという反対意見が出て計画がいったん頓挫し[28]、後日、隙間の多い黒塀風のものが設置された。後者については、観光化に対するアレルギーなのか、NPO側の説明不足に対する反感なのか、地元でもいくつかの憶測がなされているが、そもそも村上市は21世紀の今でも、旧士族、旧町民、新市民との間に微妙な差が感じられるまちであり、そのあたりの人間関係も観光化に対して影響を及ぼしているのだろう。

　とはいっても、地元の人々に古ぼけた街並みと思われていた町屋が観光価値のあるものとして見直され、高齢者が来訪者に所蔵の人形について解説し、ふれあいが生じる。各回、ポスターなどに35万円程度を投じるだけで、あとは「持てるもの」で効果を上げ、その効果が高まっていることを考慮すると、この住民運動は、まさに宮本（1989）が記した「地域の企業・組合などの団体や個人が自発的な学習により計画をたて、……地域の環境を保全しつつ資源を合理的に利用し、その文化に根ざした経済発展をしながら、地方自治体の手で住民福祉を向上させていくような地域開発」であ

27　新潟日報2005年10月6日、同17日「窓」欄。
28　新潟日報2006年3月8日「下越・佐渡欄」、読売新聞2006年3月10日新潟欄。

る内発的発展の好例といえるだろう。今後とも注目に値するまちおこし事例である。

　本章は、澤村（2003）を修正加筆したものである。アンケート調査にあたっては吉川真嗣氏はじめ人形さま巡り参加店舗の協力を仰いだ。ここに記して謝意を表したい。

参考文献

梅棹忠夫監修（1983）『文化経済学事始め』学陽書房.

垣内恵美子・吉田謙太郎（2002）「CVMによる「文化資本」の便益評価の試み－世界遺産富山県五箇山合掌造り集落の事例研究を通じて－」文化経済学会『文化経済学』第3巻第2号.

垣内恵美子・西村幸夫（2004）「CVMを用いた文化資本の定量的評価の試み－世界遺産富山県五箇山合掌造り集落の事例－」日本都市計画学会『都市計画論文集』No.39-2, pp.15-24.

垣内恵美子（2005）『文化的景観を評価する　世界遺産富山県五箇山合掌造り集落の事例』水曜社.

垣内恵美子・林岳（2005）「滋賀県長浜市黒壁スクエアにおける観光消費の経済波及効果と政策的インプリケーション」日本都市計画学会『都市計画論文集』No.40-1, pp.30-39.

吉川真嗣（2001）「村上町屋商人会の活動」にいがたまちづくり学会第7回研究会資料, 2001年5月12日.

吉川美貴（2004）『町屋と人形さまの町おこし－地域活性化成功の秘訣－』学芸出版社.

工代将章・細野光一・渡辺貴介（1986）「佐渡観光の地域経済効果」日本都市計画学会『昭和61年度第21回日本都市計画学会学術研究論文

集』pp.403 − 8.

佐々木一成（2008）『観光振興と魅力あるまちづくり』学芸出版社.

澤村明（2002）「遺跡保存の経済効果 − 吉野ヶ里・三内丸山を事例に − 」文化経済学会『文化経済学』3巻1号，pp.37 − 48.

澤村明（2003）「雛人形でまちおこし − 新潟県村上市の住民運動 − 」文化経済学会『文化経済学』3巻3号，pp.99 − 106.

澤村明（2006）「縄文遺跡保存と活用のあり方 − 三内丸山遺跡・御所野遺跡を事例とした経済効果の測定を手がかりに − 」文化経済学会『文化経済学』5巻2号, pp.47 − 54.

Throsby, David.（2001）*Economic and Culture*, Cambridge、（中谷武雄・後藤和子監訳（2002）『文化経済学入門』日本経済新聞社.）

中谷朋昭・出村克彦（1997）「森林公園の持つ夏期レクリエーション価値 − 個人トラベルコスト法の適用 − 」『日本観光学会誌』第31号，日本観光学会，pp.19-28.

Navrud, Ståle and Richard C. Ready ed.（2002）*Valuing Cultural Heritage: Applying Environmental Valuation Techniques to Historic Buildings, Monuments and Artifact*, Edward Eigar.

日本観光協会（1999）『観光地の経済効果推計マニュアル』（社）日本観光協会.

Poor, P. Joan, and Jamie M. Smith,（2004）"Travel Cost Analysis of a Cultural Heritage Site: The Case of Historic St. Mary's City of Maryland," *Journal of Cultural Economics*, vol. 28, No. 3, pp. 217 − 229.

宮本憲一（1989）『環境経済学』岩波書店.

村上市（1989）『村上市史　通史編2　近世』村上市.

村上市（1999）『統計むらかみ』村上市.

著者略歴

片野　勉（かたの　つとむ）

　兵庫県尼崎市生まれ。新潟大学大学院現代社会文化研究科博士前期課程修了。富士通ゼネラル、新潟県燕市役所を経て、現在、社会福祉法人長岡福祉協会桜花園施設長。著書：『施設運営管理』2003年5月（長岡看護福祉専門学校紀要創刊号）、『市町村行財政の課題と市町村合併の必要性』2004年5月（長岡看護福祉専門学校紀要第2号）。

亀田　啓悟（かめだ　けいご）

　東京都国立市生まれ。慶應義塾大学大学院経済学研究科後期博士課程中途退学。新潟大学経済学部講師、助教授、国立社会保障・人口問題研究所特別研究官、カナダ：クイーンズ大学経済学部客員研究員を経て、現在関西学院大学総合政策学部准教授。経済学修士（慶應義塾大学）。主要業績：「事業別社会資本の生産性分析－国直轄事業・国庫補助事業・地方単独事業別の推計－」『財政研究』第4巻（共著）2008 "Public Debt and the Macroeconomic Stability of Japan", *Public Policy Review*, 2005.

佐藤　良一（さとう　りょういち）

　新潟県柏崎市生まれ。金沢大学薬学部卒業、新潟大学大学院経済学研究科修了。新潟県入庁。保健所、環境センター等で公害、廃棄物、環境影響評価等の環境行政を担当、㈶日本環境衛生センター酸性雨研究センター出向後、現在、新潟県県民生活・環境部環境対策課参事（課長補佐）。

澤村　明（さわむら　あきら）

　奈良県奈良市生まれ。九州大学工学部建築学科卒業、東京都立大学大学院中退。文化財コンサルタント、東京都庁を経て、まちづくりコンサルタントを営みながら慶應義塾大学大学院博士後期課程単位取得退学。2001年より新潟大学経済学部准教授。博士（学術）。著書：『まちづくりNPOの理論と課題』（渓水社）、『草の根NPO運営術』（ひつじ書房）など。

中東　雅樹（なかひがし　まさき）

　愛知県一宮市生まれ。慶應義塾大学大学院経済学研究科博士後期課程単位取得退学。日本学術振興会特別研究員、財務省財務総合政策研究所研究官、千葉経済大学経済学部専任講師を経て、現在、新潟大学経済学部准教授、財務省財務総合政策研究所特別研究官。著書：『日本の社会資本の生産力効果』（三菱経済研究所、2003 年）、『公共投資の経済効果』（日本評論社、1999年、共著）。

長谷川　雪子（はせがわ　ゆきこ）

　北海道江別市生まれ。大阪大学大学院経済学研究科博士後期課程単位取得退学。新潟大学経済学部講師を経て、現在、新潟大学経済学部准教授。博士（経済学）。

各章のキーワード

第1章

- 生産力効果……………………………………………… 12、35
- 社会資本ストック…………… 13、26、27、28、29、30、31、32、33
- 需要創出効果…………………………………………… 13、26
- VARモデル ……………………………… 13、18、20、21、22、31
- 財政力指数……………………………………………………… 14
- 基準財政需要額………………………………………………… 14
- 基準財政収入額………………………………………………… 14
- 地方交付税……………………………………………… 14、16、17
- 地方債…………………………………………………………16、35
- 一般財源………………………………………………………… 16
- Hodrick-Prescottフィルター……………………………… 18、19、31
- ADF検定 …………………………………………………20、28、30
- グレンジャーの因果性テスト…………… 20、21、22、24、26、31
- 尤度比検定（ゆうどひ）……………………………………………… 21
- 累積インパルス応答関数………………………………… 22、23、24、31
- 共和分……………………………………………… 27、28、29、30、31

第2章

- 再評価システム……………………………………………………… 37
- 費用便益分析…… 38、41、42、45、48、49、50、51、54、77、78、79
- チェックリスト……………………………………………… 41、42、45
- 費用便益比………………………………………… 42、43、55、56、75、77
- 投資効率…………………………………………… 43、45、47、58、59、76、77

CVM ……………… 44、45、47、48、49、50、52、53、54、56、58
　　　　　　　　　59、60、61、65、70、71、73、76、77、78、79
仮想市場法 → CVM

第3章

介護サービス供給主体の多元化………………………………………　80
地域福祉の担い手…………………………………………………………　81
認知症対応型共同生活介護事業（認知症グループホーム）…… 81、119
財務分析……………………………………………… 82、87、88、102、110
外部評価……………………………… 84、85、86、110、111、112、117、118
安全性分析…………………………… 87、89、91、94、95、96、99、100、104
収益性分析……………………………………………… 87、101、104、111
流動比率………………………………… 89、90、91、92、93、94、95、96
　　　　　　　　　　　　　　97、98、99、100、101、104、105、110
当座比率………………………………… 89、90、91、92、94、95、96、97
　　　　　　　　　　　　　　　　99、100、101、104、105、110
自己資本比率…………… 89、90、93、95、96、97、98、100、101、110
損益分岐点分析……………………………… 101、102、103、105、106
福祉保健医療情報ネットワーク（WAMNET）………………………　109
介護支援専門員（ケアマネジャー）………………………………………　113
新会社法…………………………………………………………… 115、116
三者（NPO・行政・企業）の協働 …………………………………　117
多機能型の事業活動……………………………………………………　119

第4章

産業連関分析……………………………………………………… 122、123
波及効果………………………………………………… 122、136、141

文化遺産	122、123、125、137
トラベルコスト法（TCM）	123、142
CVM	123、141
會津復古会	127
黒塀プロジェクト	137
むらかみ町屋再生プロジェクト	137
観光カリスマ	137
内発的発展	141

行政と市民の経済分析　―新潟のマクロ・CVM・NPO・まちおこし―

2009年3月31日　初版第1刷発行

編　　者——長谷川雪子
発行者——德永　健一
発行所——新潟日報事業社
　〒951-8131　新潟市中央区白山浦 2-645-54
　TEL 025-233-2100　　FAX 025-230-1833
　http://www.nnj-net.co.jp

印刷・製本——新高速印刷㈱

©Yukiko Hasegawa　Printed in Japan　ISBN978-4-86132-329-4